2018—2019年中国工业和信息化发展系列蓝皮书

2018—2019年
中国互联网产业发展蓝皮书

中国电子信息产业发展研究院　编著
卢　山　主　编
陆　峰　副主编

電子工業出版社
Publishing House of Electronics Industry
北京·BEIJING

内 容 简 介

本书展现了2018—2019年互联网产业发展的整体现状和最新动态。本书从互联网与实体经济深度融合角度出发，分析了我国互联网产业目前的发展情况，并对未来趋势作出判断。其内容分为综合篇、行业篇、区域篇、企业篇、政策篇、热点篇、展望篇。综合篇，总结和分析了2018年我国及全球互联网发展总体情况和发展特点；行业篇，选取移动互联网、工业互联网等七个重点领域进行了专题分析并提出了相关建议；区域篇，根据国内六个区域的情况，总结及分析了区域发展现状和特点；企业篇，依托于行业篇确定的细分领域，着重分析了各个代表性企业在2018年的总体发展情况和重点发展战略；政策篇，全面梳理和分析了2018年中国互联网发展面临的整体政策环境，以及国家于2018年颁布和正式实施的重要法律法规和政策文件；热点篇，结合我国互联网产业发展情况，重点选择了具有年度影响力的典型热点事件展开分析；展望篇，结合我国互联网产业发展面临的形势，展望了2019年及今后中国互联网发展走向。本书力求为相关行业主管部门和业界人士了解和推动互联网产业发展提供帮助。

图书在版编目（CIP）数据

2018—2019 年中国互联网产业发展蓝皮书 / 中国电子信息产业发展研究院编著；卢山主编. —北京：电子工业出版社，2019.12

（2018—2019 年中国工业和信息化发展系列蓝皮书）

ISBN 978-7-121-29538-6

Ⅰ. ①2… Ⅱ. ①中… ②卢… Ⅲ. ①互联网络—高技术产业—产业发展—研究报告—中国—2018-2019 Ⅳ. ①F492.3

中国版本图书馆 CIP 数据核字（2019）第 274531 号

责任编辑：秦　聪
印　　刷：天津画中画印刷有限公司
装　　订：天津画中画印刷有限公司
出版发行：电子工业出版社
　　　　　北京市海淀区万寿路 173 信箱　邮编：100036
开　　本：720×1 000　1/16　印张：12.5　字数：240 千字　彩插：1
版　　次：2019 年 12 月第 1 版
印　　次：2019 年 12 月第 1 次印刷
定　　价：98.00 元

凡所购买电子工业出版社图书有缺损问题，请向购买书店调换。若书店售缺，请与本社发行部联系，联系及邮购电话：（010）88254888，88258888。

质量投诉请发邮件至 zlts@phei.com.cn，盗版侵权举报请发邮件至 dbqq@phei.com.cn。

本书咨询联系方式：（010）88254568，qincong@phei.com.cn。

前　　言

一

当今世界，网络信息技术日新月异，互联网正在全面融入社会生产和生活的各个领域，引领了社会生产新变革，创造了人类生活新空间，带来了国家治理新挑战，并深刻地改变着全球产业、经济、文化、安全等格局。互联网正在影响 21 世纪的人类历史发展进程，成为推动全球创新与变革、发展与共享、和平与安全的重要因素。把握互联网发展趋势，深化互联网应用，加强互联网治理，才能使互联网更好地服务人类社会发展。

互联网和经济社会融合创新全面加速，成为推动经济社会转型发展的先导力量。互联网加快向传统产业渗透，产业互联网快速兴起，不断突破企业规模和组织界限，引发生产方式的深刻变革，为产业结构优化调整、转型升级提供了新机遇。互联网与工业融合正在催生智能制造，工业互联网、工业大数据、工业云平台、信息物理系统等正在成为工业新的重要生产要素，基于互联网的协同制造、网络制造、云制造、数据制造、众包众设等新型生产模式的深化改变了传统工业生产经营管理模式。互联网有效地促进了服务业提档升级，移动电子商务、O2O 服务、个性化定制等服务模式整合和优化了传统服务资源，提升了服务品质。农业物联网的深入应用正在推动农业向精准农业、订单农业和品质农业跃升。互联网在零售、物流、媒体、金融、交通、教育、医疗、养老等领域的深入应用正在对其行业组织方式和优质资源配置产生深刻的影响，基于互联网的分享经济正在迅速崛起，成为推动供给侧改革的先导力量。

互联网的发展进一步引发了数据迅猛增长，大数据成了经济社会发展的战略性资源。伴随着新一代信息技术与经济社会的深度融合，人类社会逐渐走向数字经济社会的时代，大数据日渐成为经济社会发展的战略性资源。在国家治理领域，大数据为重构国家治理模式、提升治理效率、解决政府治理难点和痛点提供了强大支撑。在社会服务领域，大数据使精准化医疗、个性化教育等领域中以往无法实现的环节变得简单、可操作。从国与国之间的竞争角度看，大数据日益超越了国家之间的界限，成为博弈的利器，竞争的焦点也从对资本、土地、人口、资源能源的争夺转向对大数据的争夺。大数据被视为“未来的石油”，主要发达国家已将大数据作为核心战略，纷纷推出国家级战略计划。

互联网为人类社会构建了全新的发展空间，随着网络空间成为人类发展新的价值要地，社交娱乐、电子商务、网络制造、远程办公等新模式为人类生活创造了新空间。世界主要国家围绕网络信息获取、利用、控制的较量竞争日趋激烈，网络空间已经成为各国角力的新战场。与此同时，网络空间安全问题日益突出。随着国家战略利益和主权在网络空间中不断延伸，网络攻击日趋复杂，网络黑客呈现出规模化、组织化、产业化和专业化等特点，攻击手段多样、攻击频率频繁、攻击规模庞大，网络犯罪连年持续递增，已经成为许多国家的第一大犯罪类型。重大网络数据泄露事件频繁发生，社会破坏性越来越大，对个人隐私、商业秘密和国家安全都构成了极大隐患，网络空间中的恐怖、淫秽、贩毒、洗钱、赌博等犯罪活动日益频繁给实体经济造成了巨大影响，网络与信息安全已成为国家安全的重要组成部分。

二

基于上述形势，中国电子信息产业发展研究院编著了《2018—2019 年中国互联网产业发展蓝皮书》。本书从推动互联网与实体经济深度融合，全面展现中国互联网发展的生动实践角度出发，系统分析了 2018 年我国互联网产业发展情况，对基本情况、细分行业、主要企业、政策环境、年度热点和未来展望等方面进行了全景式研究。全书分为综合篇、行业篇、区域篇、企业篇、政策篇、热点篇、展望篇 7 个部分共 44 章。

综合篇，总结和分析了 2018 年全球及我国互联网发展总体情况和发展特点。

行业篇，选取移动互联网、工业互联网、电子商务、云计算、大数据、人工智能、互联网安全这些重点领域进行了专题分析，全面论述了各细分领域在

2018 年的发展情况和主要特点，并提出了相关建议。

区域篇，从长江三角洲、珠江三角洲、环渤海地区、福厦沿海、中部地区、西部地区这六个区域，总结分析了区域发展现状和特点。

企业篇，依托于行业篇确定的细分领域，选择核心竞争力强、经营规模居于前列、具有行业代表性的企业展开研究，着重分析了各个企业在 2018 年的总体发展情况和重点发展战略。

政策篇，全面梳理和分析了 2018 年中国互联网发展面临的整体政策环境，并对国家于 2018 年颁布和正式实施的重要法律法规和政策文件进行了重点解析。

热点篇，结合我国互联网产业发展情况，重点选择了具有年度影响力的典型热点事件展开分析。

展望篇，结合我国互联网产业发展面临的国内外形势，在系统展现国外重点研究机构的预测性观点的基础上，展望了 2019 年及今后中国互联网发展走向。

目　　录

综合篇

行业篇

区 域 篇

企业篇

政策篇

热 点 篇

综合篇

第一章

2018年中国互联网产业发展状况

第一节　中国互联网整体发展状况

一、网民规模小幅增长，互联网普遍服务进展显著

根据第43次《中国互联网络发展状况统计报告》数据，我国网民规模继续小幅增长，截至2018年12月，网民规模为8.29亿人，比上一年新增5653万人。其中，农村网民规模为2.22亿人，占比为26.7%，同比增长6.2%；城镇网民规模为6.07亿人，占比为73.3%，同比增长7.7%。2018年，我国手机网民规模为8.17亿人，同比新增6433万人，网民中使用手机上网的比例由2017年的97.5%提升至98.6%。同时，2018年互联网普及率接近6成，达59.6%，同比提升3.8个百分点。其中，城镇互联网普及率为74.6%，提升3.6个百分点；农村互联网普及率为38.4%，提升3.0个百分点。网络覆盖范围进一步扩大，截至2018年第三季度，全国行政村通光纤比例达到96%，贫困村通宽带比例超过94%，提前实现"宽带网络覆盖90%以上贫困村"的发展目标。"网络提速"工作取得实质进展，自2018年起移动互联网漫游成为历史，运营商移动流量平均单价降幅超过55%。

二、人工智能发展步入快车道，互联网企业表现亮眼

2018年，我国人工智能步入发展快车道，截至2018年11月，全国已有15个省市地区发布了专门的人工智能战略规划，22个省市地区在其他规划中设立

了人工智能专项；人工智能专利申请量不断增长，数量超过 14.4 万件，占全球总量的 43.4%，居全球首位。行业应用范围已扩展到健康、医疗、教育、安防、金融等多个领域。人工智能企业数量快速增长，截至 2018 年 6 月，相关企业数量达到 1011 家。互联网企业成为人工智能发展主力军。阿里巴巴、腾讯、百度、京东、今日头条、滴滴等互联网企业从芯片、技术、平台到应用，全面布局人工智能领域。如在芯片方面，阿里巴巴先后全资收购了中天微和先声互联，成立了“平头哥”半导体公司，旗下达摩院也开始研发神经网络芯片 Ali-NPU；百度推出了云端全功能人工智能芯片“昆仑”；寒武纪发布了新一代云端人工智能芯片；华为发布了用于大规模分布式训练的昇腾 910 和面向边缘计算场景的昇腾 310。在技术方面，自动驾驶、语音识别、自然语言处理、智能搜索、智能推荐、深度学习是布局重点，腾讯、百度、今日头条、京东等纷纷成立人工智能实验室，开展人工智能通用技术研发。如腾讯成立了机器人实验室，全面布局计算机视觉、智能语音、机器人控制、NLP 自然语言处理等人工智能技术。

三、互联网基础资源稳步增长，IPv6 成亮点

2018 年，我国 IPv4 地址数量增长基本停滞，达到 33892 万个，仅比上一年增长 0.1%，域名总数为 3792.8 万个，减少了 1.4%。其中，“.CN”域名总数为 2124.3 万个，实现小幅增长 1.9%，占域名总数的 56.0%。国际出口带宽数增长 22.2%，达到 8 946 570 Mbit/s。得益于持续推动与大规模部署，IPv6 地址数量达到 41 079 块/32，比 2017 年年底增长了 75.3%，成为为数不多的增长亮点。

四、产业发展稳中有进，细分领域呈现较快增长态势

2018 年，我国互联网产业细分领域继续保持高速增长。电子商务交易额保持快速增长态势，2018 年全国网上零售额突破 9 万亿元，同比增长 23.9%，网络零售额连续 6 年位居世界第一。网络游戏业务收入达到 1948 亿元，同比增长 17.8%，增速回落 7.1 个百分点。网络广告业务继续保持稳定增长态势，市场规模为 3717 亿元，同比增长 25.7%。在云计算方面，我国云计算服务商已跻身全球市场前列，阿里云市场占有率仅次于亚马逊和微软。2018 年，阿里云收入为 213.61 亿元，同比增长 91.3%；腾讯云于 2018 年前三季度营收超过 60 亿元，同比增长超过 100%。在移动互联网方面，根据应用数据与分析服务商 App Annie 数据，2018 年在 iOS 和第三方安卓平台上，中国的 App 下载量占全球下载总量近 50%。

五、新技术发展进展明显，行业应用快速推进

我国在量子信息技术、天地通信、类脑计算、AR/VR/MR、人工智能、区块链、超级计算机、工业互联网等信息领域核心技术发展势头良好。我国研究团队首次实现25个量子接口之间的量子纠缠与18个光量子比特的纠缠；运行于地月间的通信卫星发射升空，全天候、全时段及在复杂地形条件下可实现实时双向通信能力的“鸿雁星座”工程已经启动；我国研发出具备自主知识产权的类脑计算芯片并推出相应产品，类脑认知引擎平台已具备模拟哺乳动物大脑的能力；虚拟现实技术研发已解决虚拟现实头盔被线缆束缚、虚拟现实眼球追踪模组等多项难题；人工智能在线下零售店、家庭儿童教育、养老陪护、家务工作、医疗健康、投资风控等多种场景迅速落地；区块链业务初具规模，专利数量、融资环境、政策扶持、应用落地等方面均处于世界前列；超级计算机在自主可控、峰值速度、持续性能、绿色指标等方面实现突破，“神威·太湖之光”的运算系统全面采用国产芯片，“天河三号”原型机CPU和操作系统均为自主研发，打破技术封锁；企业上云进程加快，信息系统向云平台迁移，工业互联网平台取得快速发展。

第二节　发展特点

一、共享经济问题频发，强化监管成为共识

2018年，网约车、共享单车等共享经济细分领域问题频出，引起社会普遍关注。网约车女乘客遇害案暴露了平台在交易过程中存在的各种安全问题，引起社会普遍关注，国家网信办、交通部等多个部门联合进驻相关企业开展调查；共享单车野蛮扩张造成押金难退、单车大量堆积等问题，不断拉低人们的期待，如ofo陷入经营困境，很多用户押金难退，截至2018年12月19日，ofo在线排队退押金人数突破千万级。同时，共享汽车、P2P、在线外卖等细分领域也是问题不断。对此，强化共享经济监管成为共识。针对网约车安全、P2P暴雷、共享单车押金难退等问题，国家网信办、交通部、商务部及地方政府部门积极探索，各地制度监管框架逐渐建立。

二、网络内容产业繁荣，短视频成为新增长点

2018年，网络文学、网络视频、网络音乐等产业持续繁荣，各大互联网平台更加注重内容质量，自制内容数量进一步增长，短视频成为增长新亮点。根据第43次《中国互联网络发展状况统计报告》数据，短视频用户规模和使用时

长呈现双双增长态势，2018 年短视频用户规模达 6.48 亿个，用户使用率为 78.2%。抖音、快手、腾讯、微博等巨头都在强化布局，截至 2018 年 6 月 12 日，抖音的日活跃用户数达到了 1.5 亿个，月活跃用户数超过 3 亿个。24 至 30 岁的人群成为主流用户，占比超过 40%。

三、互联网领域创业投资趋势不减，投资热度有所收敛

2018 年，互联网创业投资趋势不减，但投资热度有所收敛，不再盲目“追风”，资金流向更加理性和集中。如共享经济领域投资向头部企业集中，资本投向主要集中在摩拜、哈啰单车等企业，共享汽车、共享雨伞等投资急剧下降，部分创业企业甚至没有获得任何新投资。在人工智能领域，尽管投资数量有所下滑，但投资金额整体仍呈上扬趋势，行业应用和技术研发成为投资大头。在线教育行业投资更加集中，“早教”成为资本青睐的细分领域。新零售领域投资一路下滑，消费电子和物流成为资金集中的领域。区块链在 2018 年年初受到资本追捧，掀起投资高潮之后受行业监管的约束，投融资渐趋理性。根据“IT 桔子”发布的报告数据，2018 年第一季度区块链融资额达 66.89 亿元，第二季度增长了 7.84%，融资额达到 74.73 亿元，第三季度则降到了 58.12 亿元，降低了 22%。

四、与实体经济融合加深，产业互联网成发展方向

2018 年，以 BAT 为代表的互联网企业相继将产业互联网作为未来发展的方向，加大向制造、金融、医疗、汽车、物流、通信、交通等行业渗透，并在各个领域展开竞争。如在新零售领域，互联网巨头各自抢占阵地，腾讯先后投资了家乐福、万达、海澜之家等多家线下零售商。阿里巴巴则先后与星巴克、冯氏零售、太古地产等达成战略合作，盒小马、亲橙里购物中心、淘宝心选、新零售茶馆等线下实体店相继开业。京东的线下生鲜超市 7FRESH、曲美、京东之家黑金店等线下实体店先后开业。网易的云音乐•亚朵轻居，美团的小象生鲜等也先后加入竞争行列当中。

第二章

2018年全球互联网产业发展状况

第一节　全球互联网整体发展状况

一、全球互联网接入人口增幅回升，数字鸿沟依然较大

根据国际电信联盟（ITU）发布的《2018 年衡量信息社会报告》显示，截至2018年年底，ICT接入和使用继续保持总体上扬趋势，全球互联网接入人口跨越“中线”，达到51.2%（39亿人），比2017年的48%（约35.8亿人）提高了3.2个百分点。从增长幅度看，2017年增长幅度稍有回落，仅比2016年提高了1个百分点（从47%增长到48%），增长人数仅为0.8亿人。相较而言，2018年比2017年增长了3.2亿人，网络普及速度明显回升。其中，发达国家使用互联网的人数比例从2005年的51.3%增长到80.9%，接近饱和水平。发展中国家使用互联网的人数比例从2005年的7.7%增长至45.3%，不足50%，特别是在最不发达国家中，互联网使用率仍然较低，80%的人仍未使用互联网。从区域看，欧洲使用互联网的人口比例为79.6%，排在首位；其次是独联体国家，为71.3%；美洲、阿拉伯国家、亚太区域分列3～5位，比例分别为69.6%、54.7%和47%；尽管非洲使用互联网的人数比例从2005年的2.1%增长到24.4%，但仍排在最末，且与发达地区差距巨大。

二、人工智能发展空前，各国布局步伐加快

2018年，人工智能进入快速发展阶段，世界主要发达国家纷纷出台相关

战略和政策措施，抢占人工智能发展制高点。目前已有 18 个国家启动了人工智能国家战略。

美国为了保持人工智能“领头羊”的地位，在国家政策层面加紧布局。2018 年 5 月，白宫举办“美国工业人工智能峰会”，提出了保持美国在人工智能方面的领导地位、支持美国工人、促进公共研发、消除创新障碍四个目标，随后成立了人工智能特别委员会，负责联邦政府在人工智能领域投入、创新、监管等方面的事宜。同时，美国加快了人工智能在国防安全领域的应用，美国国防部成立了“联合人工智能中心”，在未来五年投资20亿美元到其机器常识研究中，启动下一代人工智能项目。2018 年 10 月，美国众议院监督和政府改革委员会信息技术小组委员会发表了《机器崛起：人工智能及对美国政策不断增长的影响》白皮书，分析了人工智能在应用方面面临的挑战，并在失业、隐私、偏见和恶意使用 4 个方面提出了建议。2019 年 2 月，特朗普签署了《维护美国人工智能领导地位的行政命令》，发出《美国人工智能倡议》，这是特朗普政府首次发布的人工智能战略，旨在通过研究和开发、释放资源、道德标准、自动化、国际推广 5 个方面保持美国在人工智能领域的全球主导权。除美国外，英国、德国、法国等国家和地区也在大力布局人工智能。

2018 年 4 月，欧盟成员国签署了《人工智能合作宣言》，目的是加强欧盟各国在技术研发、投资、道德法律、社会经济变革等方面加强协调沟通，同时还计划在 2018 年至 2020 年间投资 15 亿欧元用于人工智能研发；6 月，欧盟又在“数字欧洲”计划中提出以 10.4 亿美元的预算重点发展人工智能。英国发布了《产业战略：人工智能领域行动》，同时计划投资 9.5 亿英镑支持人工智能研究/教育，增强英国的数据基础设施。法国制定了《国家人工智能战略》，在人才培养、研究、应用、生态等方面提出了战略目标，成立了全球人工智能影响研究小组。德国先后通过了《联邦政府人工智能战略要点》、“人工智能战略”计划及人工智能国家战略“AI Made in Germany”等多份文件，并计划投资 30 亿欧元支持人工智能发展。

三、数字经济持续繁荣，数据保护成各国重点

2018 年，数字经济继续蓬勃发展。各国普遍把发展数字经济列为国家经济发展的重要战略，并在资金投入、技术创新、产业应用、设施建设及治理方面采取系列措施。澳大利亚发布了针对小型企业的《网络安全最佳实践指南》，扶植小型数字企业发展，同时启动了“澳大利亚技术未来”的数字经济战略。英国先后发布了《英国数字战略》、“网络安全出口”战略等，前者旨在帮助

英国推进数字化业务，后者则希望帮助中小企业赢得海外市场。法国发布了“利用数字技术促进工业转型”的方案，以解决法国工业脆弱的就业率和缺乏竞争力的产品结构。印度发布《印度电子商务国家政策框架草案》，以促进电子商务行业快速发展。

同时，以美国和欧盟为代表的数字经济体，纷纷加强个人数据保护，目前已有 120 多个国家和地区制定了数据保护政策或法律法规。欧盟一直提倡建立“欧洲数字化单一市场战略”，并在 2018 年 5 月 25 日正式实施《通用数据保护条例》（GDPR），在数据保护和隐私权方面提出了多项规制，此后又通过了《非个人数据自由流动条例》。美国紧随欧洲，出台了《澄清合法使用海外数据法》《数据泄露预防和赔偿法案 2018》等法律法规，前者使美国可以避开他国法律，跨境调取美国公民的海外信息；美国地方政府出台了地方性的法律法规，如加利福尼亚州公布了《2018 年加州消费者隐私法案》，加强了用户隐私和数据控制。澳大利亚实施了《数据泄露通报法案》，要求任何组织和机构发现隐私泄露事件时尽快通知涉及的个人。爱尔兰以欧盟数据保护框架为基准，出台了《2018 数据保护法案》，是欧盟的第一部国内立法。西班牙也秉承 GDPR 的内容和价值设定，通过了新的个人数据保护法。印度、巴西等国紧跟欧盟 GDPR，制定相关保护法以强化数据保护，印度发布了《2018 年个人数据保护法案（草案）》，巴西批准了《通用数据保护法》以完善本国的数据保护制度。

四、5G 商用步伐加快，中美竞争成焦点

2018 年，5G 技术成熟加速落地，商用化步伐加快，全球各大运营商加速商用网络部署节奏。全球移动供应商协会（GSA）的报告显示，截至 2018 年 12 月中旬，全球 197 家运营商对 226 张 5G 移动网络和 5G FWA 网络进行了测试、试验、计划部署、试商用部署和商用部署。全球有 14 家运营商宣布已经试商用部署或非常有限地可用部署了“非 3GPP 标准兼容/3GPP 标准兼容”的 5G 服务。在 2018 年 2 月的平昌冬奥会期间，韩国电信运营商 KT Corporation 与英特尔合作提供了 5G 服务。尽管美国电信运营商 AT&T 在 2018 年 12 月推出的 5G 网络被指为“假 5G”，但其已经覆盖了美国 12 个城市。欧洲电信运营商 Vodafone 在 2019 年 2 月 21 日实现了全球首个 5G 标准通话，并计划在 2020 年第一季度在西班牙六市上线商用 5G 网络。

同时，中美两国关于 5G 的竞争成为全球相关行业及媒体关注的焦点。2018 年，中美贸易摩擦加剧，美国以国家安全为由向多个国家施压，禁止华为参与相关国的 5G 网络建设，英国、德国、日本、澳大利亚、新西兰、加拿大、挪威等国家纷纷表态。然而，华为凭借自身技术优势和性价比，已经和全球

多个国家和地区开展了合作，签订了 26 个商业合同，5G 基站出货量超过 10 000 个，与 50 多个商业伙伴签署了合作协议，参与多个国家的 5G 网络建设。打压华为不利于各个国家的 5G 发展，美国的高压政策也并未取得多大的效果。

第二节　发展特点

一、数字经济领域地方保护主义色彩渐浓

2018 年，数字经济领域呈现地方保护主义趋势，数据本地留存、加强对互联网巨头的监管、限制境外产品和投资成为主要的手段。在数据本地留存方面，多个国家要求外国公司将数据存储在本地，如印度政府颁布了管理国内电商领域的新草案，要求外国公司将数据储存在本地，并在印度国内建立更多的数据中心和服务器。在世界互联网巨头监管方面，欧盟及其成员国监管相继升级，欧盟在 2018 年 3 月提出了针对美国科技巨头的征税计划，预计每年新增征税额达 50 亿欧元，法国、德国、意大利、西班牙、英国相继表态支持此征税计划。英国在 10 月 29 日宣布对全球每年收入超过 5 亿英镑的公司在英国本地产生的销售开征数字税。同年 11 月，法国宣布将向谷歌、苹果、脸书和亚马逊等科技企业征收“数字税”。同时，欧盟针对谷歌、脸书等科技巨头的监管与处罚力度，开出的罚单均在数十亿欧元以上。韩国、印度、墨西哥、智利等国家也在探索数字税。在限制境外产品和投资方面，美国先后出台了《外国投资风险评估现代化法案 》和《联邦采购供应链安全法案》，加强对重点国家投资交易审查力度和保护美国供应链安全。

二、人工智能伦理问题引起重视

随着人工智能的快速发展，人工智能的伦理问题引起各国重视。2018 年 12 月，欧盟委员会的人工智能高级专家组(High-Level Expert Group on Artificial Intelligence, AI HLEG) 发布了《可信人工智能伦理指南草案》，提出一个可信人工智能框架，强调伦理规范性和技术健壮性，并提出总计 10 项可信人工智能的要求和 12 项用于实现可信人工智能的技术和非技术性方法，同时设计出一套评估清单，便于企业和监管方进行对照；欧盟的 52 位各领域专家发布了《人工智能发展和运用的伦理指导》，提出了欧盟发展人工智能伦理的指导性原则。第 40 届数据保护与隐私专员国际大会上发布了《人工智能伦理与数据保护宣言》，来自法国、意大利、阿根廷、加拿大、英国、瑞士等数十个国家的政府部门和有关组织签署了宣言。英国发布了《人工智能在英国：充分准备、意愿

积极、能力爆棚？》报告，聚焦于伦理道德问题，强调英国要领导国际社会人工智能伦理的发展。同时，在人工智能发展规划中，英国计划建立数据伦理中心，以管理大数据。除政府部门外，各个科技巨头也在人工智能伦理方面发出声音，IBM在2018年世界移动通信大会上提出了IBM人工智能开发的三大原则——信任、尊重与隐私保护。微软提出应由政府为面部识别技术制定规制，同时提出了公平、透明、责任、无歧视、知情同意与法律控制六大原则。脸书在2019年年初出资750万美元与慕尼黑技术大学合作建立人工智能伦理研究所。同时，许多高校也设置了人工智能伦理课程，如哈佛、康奈尔、MIT、斯坦福等美国高校开设了人工智能伦理、数据科学伦理、技术伦理、机器人伦理等人工智能课程。

三、网络空间国际治理在曲折中发展

网络空间多边治理止步不前。2018年，网络安全议题呈现以美国为代表的西方国家和以俄罗斯为代表的新兴国家“两派拉锯”的特点。美国联合加拿大、日本、澳大利亚、爱尔兰等国向联合国大会提交的《从国际安全角度促进网络空间国家负责任行为》的决议草案与俄罗斯联合中国、伊朗、朝鲜、哈萨克斯坦等国向联合国提交了一份关于《从国际安全的角度看信息和电信领域的发展》协议草案针锋相对，在重大问题上分歧较大。2018年12月17日，联合国大会通过了俄罗斯提出的名为《防止将信息通信技术用于犯罪目的》的决议，决议由金砖国家在内的36个国家共同起草，但遭到美国、欧盟、加拿大、澳大利亚等国的反对。法国在第13届联合国互联网治理论坛（IGF）上发起的《网络空间信任和安全巴黎倡议》引起国际社会关注，签署方超过450个，但网络大国美国、中国、俄罗斯均未签署。网络大国互信程度低使网络空间多变治理规则的制定陷入僵局。同时，全球主要科技企业和组织机构开始发声，多边利益攸关方治理模式开始抬头。2018年4月，微软联合脸书、诺基亚、思科、戴尔等34家科技巨头共同缔结《网络安全科技公约》，提出加强对网络攻击的联合防御、技术合作与协调漏洞披露等。2018年8月，微软发布《网络安全政策框架》，提出帮助网络后发国家制定网络安全战略，建立国家网络安全机构。全球网络空间稳定委员会（GCSC）在2018年5月和11月分别提出“保护选举基础设施”和“新加坡一揽子规范”，在防范僵尸网络、建立漏洞公平裁决程序等方面提出了一系列措施。

行 业 篇

第三章

移动互联网

第一节　总体发展情况

一、移动互联网用户量持续增长

截至 2018 年 8 月，我国移动互联网用户总数保持在 13.7 亿户，同比增长 12.2%。其中，移动互联网用户占互联网总体用户比例持续提升，截至 2018 年 6 月，手机网民占网民数量的比重持续攀升，占比已高达 98.3%，手机网民规模约 7.88 亿人，较 2017 年年底增加了约 3509 万人（见图 3-1）。各类手机应用的用户规模不断上升，场景更加丰富，强化了移动互联网主导地位。其中，手机网络游戏应用增长最为迅速，用户规模达到 4.07 亿人，较 2017 年年底增长 12.6%；此外，手机即时通信以95.2%的网民使用率位居各类应用使用率排行第一，用户规模达 7.5 亿人。

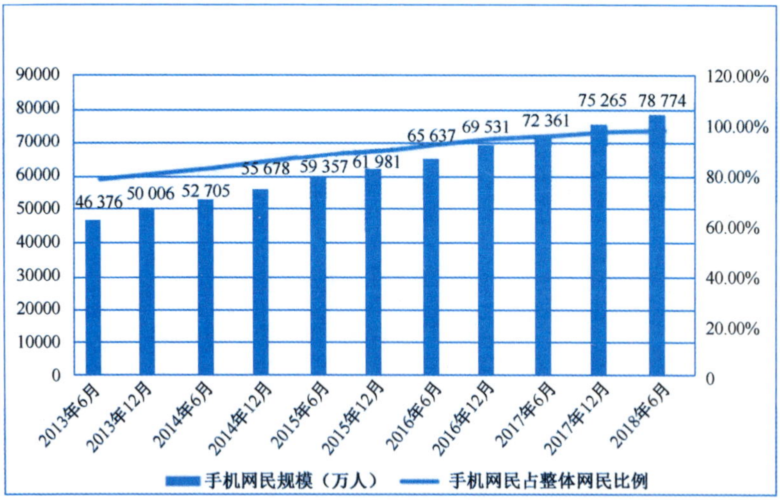

图 3-1　我国手机网民规模及其整体网民比例

（数据来源：CNNIC，赛迪智库整理，2019.01）

二、移动互联网接入流量翻倍增长

2013年以来，我国的视频、网购、支付等移动互联网应用不断丰富并快速发展，带动移动互联网的接入流量呈现爆炸式增长（见图 3-2）。截至 2018年12月，我国移动互联网接入流量达395亿GB，同比增长203.4%;其中,1～8月，通过手机上网的流量达到389亿GB，同比增长217.5%，占移动互联网总流量的98.4%。户均接入流量由2018年1月的2.77GB/户攀升至2018年8月的4.85GB/户。

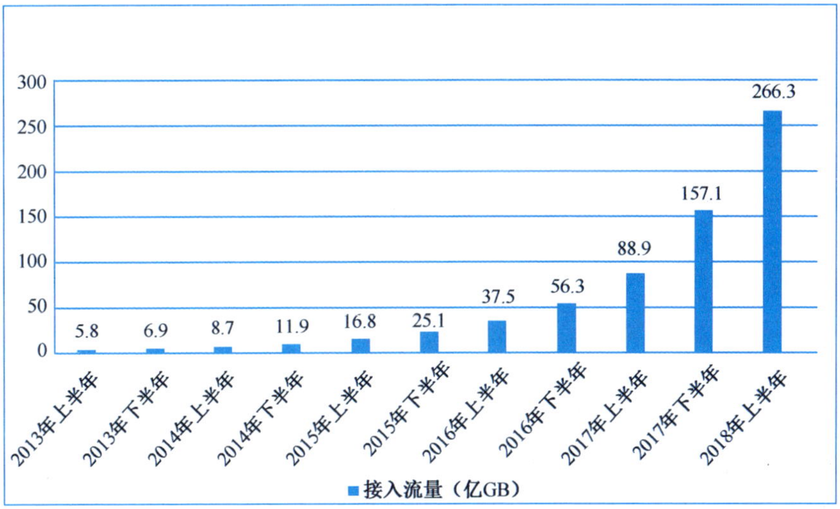

图 3-2　我国移动互联网接入流量

（数据来源：工业和信息化部，赛迪智库整理，2019.01）

三、移动互联网用户上网时长快速增长

随着网络资费的持续下降和互联网应用体验的不断改善，互联网用户对网络的依赖程度进一步加深，用户上网时长逐年递增。2018年，我国移动互联网用户于12月的人均单日使用时长达341.2分钟（见图 3-3），平均每周上网时长达39.8小时，较2017年提升近7.3小时。

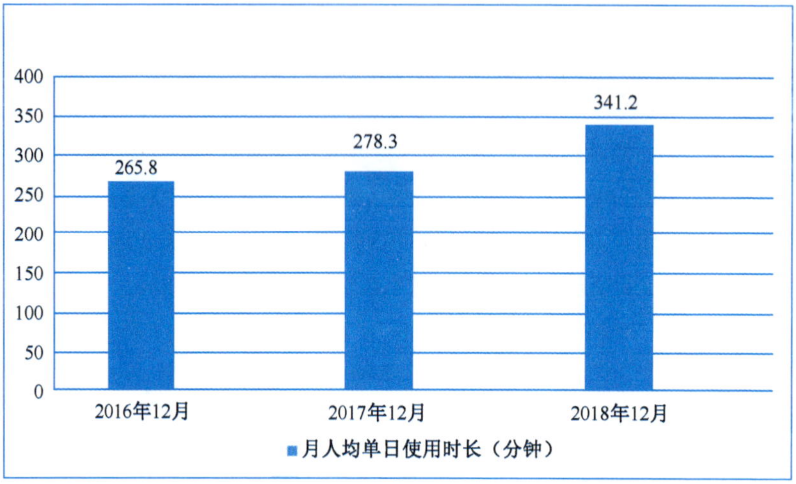

图 3-3 我国移动互联网用户于 2018 年 12 月的人均单日使用时长

（数据来源：QuestMobile，赛迪智库整理，2019.01）

四、我国移动应用程序数量小幅增长

截至 2018 年 12 月底，我国市场上监测到的移动应用（App）为 449 万款。2018 年 11 月，我国第三方应用商店与苹果应用商店中新上架 14.3 万款移动应用。截至 2018 年 12 月底，我国本土第三方应用商店中移动应用数量超过 268 万款，占比为 59.7%，苹果商店（中国区）中移动应用数量超过 181 万款，占比为 40.3%。其中，游戏类应用规模保持领先。截至 2018 年 11 月底，游戏类应用数量为 137.6 万款。生活服务类应用规模达 54 万款，排名第二。排名第三和第四的分别是电子商务类应用和主题壁纸类应用，规模分别为 42 万款和 37.1 万款。在市场热点类应用中，以物流企业应用、货运运输服务应用和具有自有物流服务能力的电子商城为代表的智慧物流类应用数量超过 2.4 万款，提供二维码扫码、转账等金融支付功能的网络支付类应用数量约 2.5 万款。截至 2018 年 11 月底，第三方应用商店分发累计数量超过 1.75 万亿次。游戏类、系统工具类、影音播放类、社交通信类、日常工具类、生活服务类和金融类应用下载量均超过千亿次，分别为 3014 亿次、2892 亿次、2264 亿次、1911 亿次、1212 亿次、1143 亿次和 1911 亿次，其中，游戏类、系统工具类和影音播放类应用下载量均突破 2000 亿次。在其余各类应用中，下载总量超过 500 亿次的应用还有电子商务类（999 亿次）、资讯阅读类应用（931 亿次）和主题壁纸类（754 亿次）。如图 3-4 所示为 2017 年 11 月至 2018 年 11 月我国移动应用市场规模。

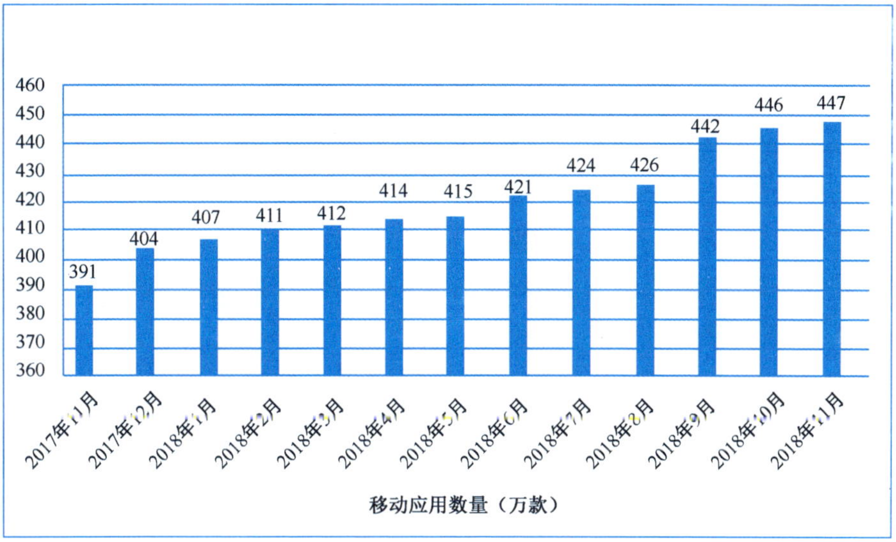

图 3-4　2017 年 11 月至 2018 年 11 月我国移动应用市场规模

（数据来源：工业和信息化部，赛迪智库整理，2019.01）

第二节　创新进展

一、新媒体带来价值转移

随着移动互联网的不断发展，信息传播形态也在不断发展演变。从论坛到社区再到社群，资讯形式、盈利方式都发生了变化。从最早的天涯到后来的贴吧和豆瓣，再发展到虎扑、小红书。从媒体形式转变上讲，从文字到图片再到语音和视频，新媒介形式发生的转变带来了价值转移。举例来说，原来人们看新闻，可能会去下载一个新闻类的移动应用，但是现在媒体发生了很大变化，人们可以通过浏览器搜索，甚至是通过短视频等很多渠道获取到同样的信息流。而这一部分新媒介的增长速度是传统广告市场整体增速的几倍。2018 年，信息流广告的环比增速达到了 84.3%；同年，作为一个分支，短视频的环比增速达到了 265.1%，这无疑是移动互联网的奇迹，同时也说明了用户的热度。我们预测，接下来信息流广告和短视频广告的环比增速将相对放缓，但仍处于高速增长的通道中。

二、5G 商业化给移动互联网带来冲击

2019 年是“5G 元年”。回顾过去的 20 年，通信技术的每次变革都会极大地改变人们的生活方式。2G 的时候网速很慢，在那个时代手机可以上网，不

过人们只能浏览一些文字类信息；到了 3G 时代有了高带宽和稳定的传输，这时影像电话和大量的数据传送更为普遍，人们可以浏览图文、听音频、看视频；而 4G 的普及让移动互联网的网速水平达到了一个全新的高度，智能手机、平板计算机成为“标配”，实时交互的视频通话、直播、短视频开始兴起；那么到了 5G 时代，凭借低时延、高可靠、低功耗的特点，5G 的应用领域将会非常广泛，不仅能支持超高清的视频、虚拟现实、增强现实等浸入式的娱乐，还将支持海量的物物通信，服务智慧城市、智慧家居，也将在车联网、工业医疗、移动互联网等垂直行业一展身手。

三、线上、线下流量融合

当线上的流量成本越来越高，线下的流量就成了一块宝藏。在新零售领域，对于线下流量的争夺体现得尤为明显。阿里巴巴和腾讯纷纷加速线上、线下场景的融合。阿里巴巴在新零售方面采取双线布局的策略，一方面，通过自有项目如盒马鲜生、银泰，探索新零售改造的方法论；另一方面，通过入股等方式，进行零售资源的积累。腾讯系之前以京东为新零售的占据主力，另外也从入股“永辉超市”开始走向前台，在多领域与阿里巴巴形成对垒之势。从实际的落地效果来看，阿里巴巴是走得更稳也更扎实，截至 2019 年 1 月，阿里巴巴的盒马鲜生在线下的门店数量已经达到了 116 家，而它的 App 月活跃规模已经达到了 860 万人，同比上涨了 377%。

第三节　发展特点

一、移动互联网市场向三四线城市下沉

移动互联网“下沉”明显，三四线城市用户成为移动线上的消费主力，下沉市场已经成为移动互联网的主要市场。随着一二线城市市场逐渐饱和，移动互联网用户增量减速，人口流量增长红利消退殆尽，三四线城市成为移动互联网的“下半场”。在支付宝新增月活跃用户中，超过 55.4%的用户来自三四线及以下城市。据 QuestMobile 发布的《中国移动互联网 2018 年度大报告》显示，2018 年，月活跃用户同比增量最大的 10 款应用中的 9 款，来自三四线及以下城市的增量均大过一二线城市的增量，移动互联网巨头从一二线城市扩展进入，新的业态也得到了发展机会。在支付宝新增的月活跃用户中，超过 55.4%的用户来自三四线及以下城市。同时，出行场景的拓展带来下沉市场的用户的急速增长，哈啰出行发布的《2019 春节出行大数据》显示：2019 年 2 月 1 日至 2 月 10 日，

哈啰单车在三四线城市的日均订单较节前增长了 66.4%，中小城市单车使用率增幅明显。支付宝官方数据显示，目前已经有超过 120 个城市支持刷支付宝乘公交，其中，85%是三线及以下城市。哈啰出行作为支付宝的生态伙伴，采取了从二线城市切入的“农村包围城市”策略，其近 60%的流量通过支付宝小程序完成。三四线及以下城市月活跃用户逐渐上升，占整体用户的比例达 54.6%。除了趣头条、拼多多、快手等应用外，支付宝、淘宝等超级应用的新增用户也主要来自三四线城市。移动支付、移动出行等线下场景不断拓展，直接影响了移动互联网下沉市场的扩展。

二、生态化付费会员成为争夺焦点

用不同的方式吸引付费会员成为各平台运营的着力点。自带组合优惠和多方面权益的生态化会员权益设计及联合跨界会员设计将得到更多用户的青睐。如腾讯联合中国联通共同推出了腾讯王卡，据公开资料显示，腾讯王卡的发卡量已经超过了 1 亿张，使用腾讯王卡的用户可以享受腾讯应用的免流量特权，覆盖社交、音乐、视频、游戏等多种场景。而阿里巴巴推出的 88VIP 会员只需要 88 元就可以享受阿里生态体系内多个应用产品的会员权益。除了这种整套的集团化的会员模式，我们还看到了跨界联合的会员模式，如爱奇艺与京东打通了双方的会员体系。

以上种种会员模式可以认为是各平台在流量红利消失的局面下探索出的新型用户运营之道。企业通过付费会员模式，一方面可以有效提高用户黏性，与原本的单会员模式相比，可以构成由多款产品组成的护城河，大大降低了用户使用其他产品的可能性，提高了品牌忠诚度；另一方面，对于用户而言，多家联合的模式对用户的吸引力更高，用户可以用更少的金额获取更多的会员权益，复购率也有可能提高。

三、人工智能、虚拟现实等新技术开始在移动端规模化商用

人工智能开始进入规模化商用阶段，被主动用于金融、物流、教育、交通制造、电商决策等多个领域。新技术不断推动移动互联网行业的升级。BAT 等巨头开始调整组织架构，大力提升 toB 业务的战略地位和发展速度，虽然各自的突破方向不同，但投资布局的焦点大多都围绕产业互联网的技术层面。如百度从人工智能技术切入，向各行业输出人工智能能力，推动产业智能化转型；阿里巴巴以电商、金融及云服务为技术基础，对多个行业进行数字化、智能化改进；腾讯构建云、人工智能、安全等底层基础设施，做企业的数字化助手。

第四章

工业互联网

第一节　总体发展情况

一、国家大力推动工业互联网发展

2018 年，工业和信息化部和工业互联网专项工作组分别印发了《工业互联网 App 培育工程实施方案（2018—2020 年）》《工业互联网发展行动计划（2018—2020 年）》《工业互联网专项工作组 2018 年工作计划》三个重要文件，助推工业互联网发展。其中，《工业互联网 App 培育工程实施方案（2018—2020 年）》提出通过夯实工业技术软件化基础、推动工业 App 向平台汇聚、加快工业 App 应用创新、提升工业 App 发展质量等措施，到 2020 年培育 30 万个面向特定行业、特定场景的工业 App。《工业互联网发展行动计划（2018—2020 年）》提出要在 3 年内实施基础设施能力提升、标识解析体系构建、工业互联网平台建设、核心技术标准突破、新模式及新业态培育、产业生态融通发展、安全保障水平增强、开放合作实施推进八项行动计划；《工业互联网专项工作组 2018 年工作计划》则分解了上述行动计划方案在 2019 年需要开展的工作。

二、建设和推广进入实质性操作阶段

2018 年，工业和信息化部发布了《工业互联网平台建设及推广指南》和《工业互联网网络建设及推广指南》，标志着我国工业互联网进入实质性实施阶段。《工业互联网平台建设及推广指南》提出了制定工业互联网平台标准、培育工业互联网平台、推广工业互联网平台、建设工业互联网平台生态、加强工业互联网平台管理五大措施。《工业互联网网络建设及推广指南》提出了制定

工业互联网网络标准、打造工业互联网标杆网络、推动工业互联网网络改造与应用、拓展工业互联网标识解析应用、构建工业互联网标识解析体系、创建网络发展环境、规范网络发展秩序七项任务。

三、地方政府纷纷出台措施

截至 2018 年年底，全国 20 多个省市地区出台了推动工业互联网的政策措施。《北京工业互联网发展行动计划（2018—2020 年）》提出，2020 年北京市应创建具有国际竞争力的跨行业、跨领域工业互联网平台，打造以北京为中心、辐射津冀两地、服务全国的工业互联网创新应用示范基地。天津市关于发展工业互联网的实施意见提出，预计到2020年初步建成低时延、高可靠、广覆盖的工业互联网网络基础设施，预计到2035年建成国内领先和具有国际竞争力的工业互联网网络基础设施和平台，形成先进的技术与产业体系。上海市实施了“工业互联网产业创新工程”，通过构建“网络、平台、安全、生态、合作”五大体系，落实“功能体系建设、集成创新应用、产业生态培育”三大行动，实现“全面促进企业降本提质增效、推动传统产业转型升级、助力国家在工业互联网发展中的主导力和话语权”三大目标，全力争创国家级工业互联网创新示范城市，并带动长三角世界级先进制造业集群发展。

第二节　存在问题

一、制造业设备数字化水平较低影响了工业互联网平台的规模化接入

数字化发展是网络化和平台化发展不可逾越的阶段，从零售、媒体、社交、交通、金融等领域大型消费互联网平台的崛起历程看，均建立在广大消费者家庭计算机、智能手机等具备一定普及率的基础之上。工业互联网平台是制造业向网络化和平台化发展迈进的重要基础设施，而制造业能够实现网络化和平台化发展的重要前提是制造业的数字化应达到一定的水平。目前，我国制造业整体数字化和网络化水平较低，也是众多工业互联网平台难以推广应用的重要原因。根据 2018 年全国“两化融合”发展水平评估报告显示，2018 年，我国企业数字化生产设备联网率仅为 39.4%，多数制造企业采用的装备还是尚未实现自动化的机械装备。制造装备未能实现数字化和网络化，要推进工业互联网平台应用，促进各类装备联网统一接入工业互联网平台、实现统一控制和运营，难度不言而喻。

二、制造业信息标准化水平低影响了工业互联网平台集成互联

计算机正是因为在发展起步的阶段有着强大的联网需求，所以对传输、存储、计算、控制各个环节的标准化要求较高，使产业链上的相关企业都能够严格按照国际统一的接口、协议等标准来提供产品和服务，相互之间能够综合集成和互联互通。

与计算机发展不同的是，在制造业信息装备发展的起步阶段，如西门子、GE、霍尼韦尔、ABB 等装备制造企业都是按照自己的企业标准生产数控装备，自己的企业产品之间能够互联互通，但不同企业的数字化装备由于接口、协议等标准不同，互联互通的难度极大。有些企业生产的装备都是封闭系统，对外不开放联通接口。据有关统计，目前市场上流行的工业现场总线协议种类多达几十种。接口、协议等关系到互联互通的标准的不统一，直接导致了企业或行业在发展工业互联网平台时，向下难以集成不同装备制造企业生产的各类异构性的信息装备。工业 App 组件数据、方法等访问接口尚未标准化，进一步限制了平台层面装备和系统的互联互通。全球制造装备市场群雄割据、行业市场细分，尚未涌现出有行业领头效应的企业来推动各类制造装备信息标准的统一制定。

三、制造业信息平台场景化不足影响了工业互联网平台模式创新

消费者需求的多样性和关联性使消费互联网平台拓展了场景应用，催生了零售、媒体、社交、交通、教育、医疗等多种围绕人们生活需求的互联网融合应用业态。与消费互联网平台相比，在目前制造企业数字化发展水平的条件下，工业互联网平台应用场景和业态较为单一，主要是基于在线监测手段衍生出的机器远程维护、分时租赁等少数几类业务模式创新，都是基于提高机器管理效率的需要。工业互联网应用场景不够丰富，也导致了工业互联网平台难以像移动智能终端一样吸引大量的开发者加入并孵化大量的场景 App 应用。另外，工业 App 不是普通的 App 应用，是用大量工业技术和工艺数据化和软件化封装产品的，绝非个体开发者能为的，供给能力不足进一步限制了工业互联网平台应用的孵化。

第三节　相关建议

一、加速推进制造业数字化发展进程

一是加强企业数字化发展设计，做好企业业务流程、应用开发、系统互

联、平台建设、数据共享、数据安全等方面统筹规划，为企业数据无缝流动奠定基础。二是加快推进企业研发设计、生产制造、物流仓储等领域数字化进程，普及 CAD、CAM、MES、PLM、CRM 等控制工具软件，提高制造企业生产经营管理全链条数字化水平，为生产装备的数字化接入集成和生产作业信息数字化流通奠定基础。三是推动互联网、大数据、人工智能和制造业深度融合，发展工业互联网、工业大数据和机器智能，推进制造业数字化、网络化、智能化发展。

二、加快推进制造业信息装备标准化

一是完善边缘数据采集标准体系，促进工业设备数据采集的规范化、标准化和高效化。二是加快制定统一的工业现场总线协议，吸收 TCP/IP 成功经验及 5G 工业应用需求，加快制定统一的工业互联 TCP/IP 和装备网络接口，促进互联互通。三是完善工业微服务组件标准体系，加快组件数据、方法等访问接口的标准化，提高组件复用能力。四是完善工业 App 技术标准体系，制定 App 技术架构、业务交互、安全防护等方面标准，促进程序兼容、互通和安全。五是加大信息装备标准的宣贯，从供给端为制造企业提供标准化、能直接集成互联的制造装备产品，减少企业数字化过程中对装备的二次数字化改造。

三、构建工业互联网 App 应用创新生态圈

一是发挥制造业各行业协会和软件行业协会作用，鼓励制造企业、软件企业、工业数据分析企业、工业自动化公司、工业信息服务企业、互联网企业等联合成立细分行业工业软件联盟，加强工业软件联合开发和推广应用。二是发挥工业软件联盟作用，重点推进钢铁、冶金、船舶、飞机、汽车、高铁、生物医药、电子信息制造等重点行业工业软件的开发、推广和应用力度。三是加强工业软件企业和互联网企业的合作，鼓励发展平台型、网络型工业软件，为中小制造企业提供廉价的工业软件云服务。

第五章

电子商务

2017 年是中国电子商务提质转型的攻坚之年。在数字经济的推动下，电子商务行业蓬勃发展，市场整体规模、电商企业从业人员数量、电商物流业务量等稳步增长，新模式、新业态发展迅猛，拉动我国经济增长新动能作用日益凸显。

第一节　总体发展情况

一、市场交易规模继续扩大

据国家统计局公布的数据显示，2017 年我国电子商务市场交易额达到 29.16 万亿元，同比增长 11.7%(见图 5-1)；网上零售额 7.18 万亿元，同比增长 32.2%。截至2018 年上半年，我国电子商务市场交易额达 14.91 万亿元，同比增长 12.3%，网上零售额达 4.08 万亿元，同比增长 30.1%；2018 年年底应突破 37 万亿元。

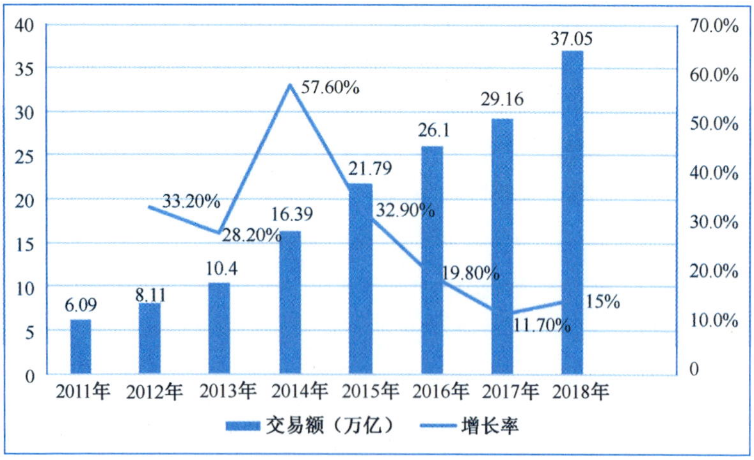

图 5-1　2011—2017 年中国电子商务交易额及增长率

（数据来源：国家统计局，2018.8）

二、新增就业人数不断增加

电子商务的快速增长创造了大量新的就业岗位，激发了人才新需求。伴随着传统零售百货、商超企业纷纷涉足电子商务、新零售业务，就业需求、就业结构、工作岗位发生了改变。《中国电子商务发展报告》数据显示，2017 年我国电子商务直接和间接带动就业达 2830 万人，同比增长 18.7%（见图 5-2）。

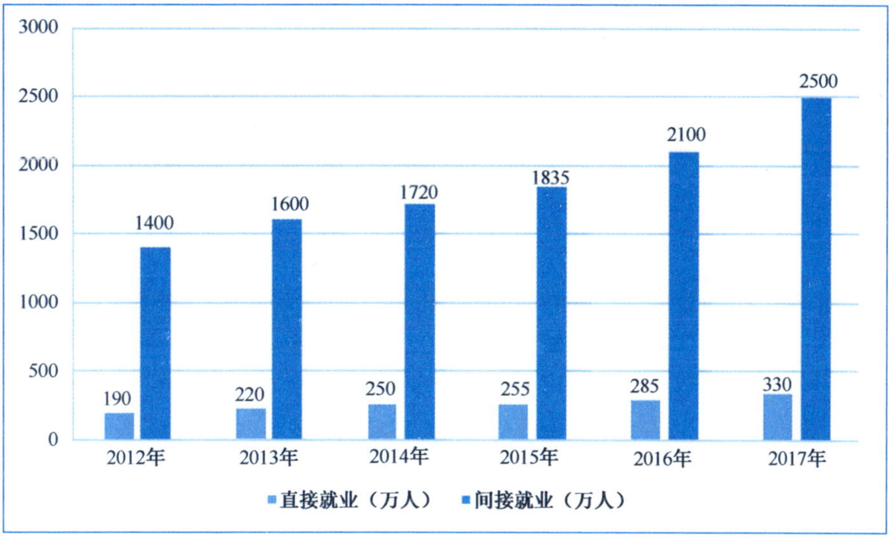

图 5-2　2012—2017 年中国电子商务服务企业就业人员数量

（数据来源：中国电子商务研究中心，20117.12）

三、电子商务物流业务量持续增长

在电子商务的带动下，电商物流行业持续向好，快递业务体量快速增长，模式日益成熟，业务规模位居全球首位。据国家邮政局公布的统计数据，2017 年我国快递服务企业业务量累计完成 400.6 亿件，同比增长 28%；业务收入达 4957.1 亿元，同比增长 24.7%。根据国家邮政局的数据，2018 年我国快递行业业务总量为 507.1 亿件（见图 5-3），业务收入累计完成 6038.4 亿元，同比增长 21.8%。我国快递业务量已连续 5 年稳居世界第一，远超美日等发达国家。

四、B2B 电子商务保持稳步增长

2018 年上半年，国内主要 B2B 电子商务平台通过提供更多增值性服务实现营收增长，在国家密集出台工业互联网政策的助力下，产业进入快速发展期。

中国电子商务研究中心数据显示，2017 年中国 B2B 电商交易规模为 20.5 万亿元，2018 年上半年 B2B 电商市场交易额达 11.2 万亿元，同比增长 14.2%（见图 5-4）。

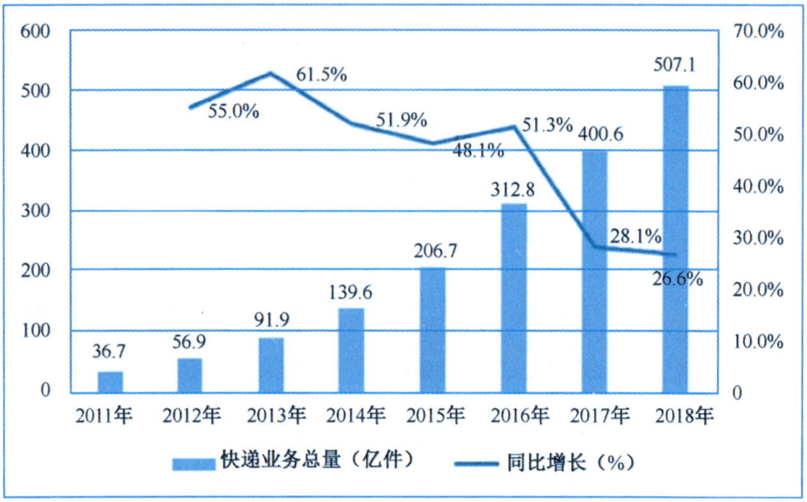

图 5-3　2011—2018 年电商物流快递业务量及增长率

（数据来源：国家邮政局，2018.12）

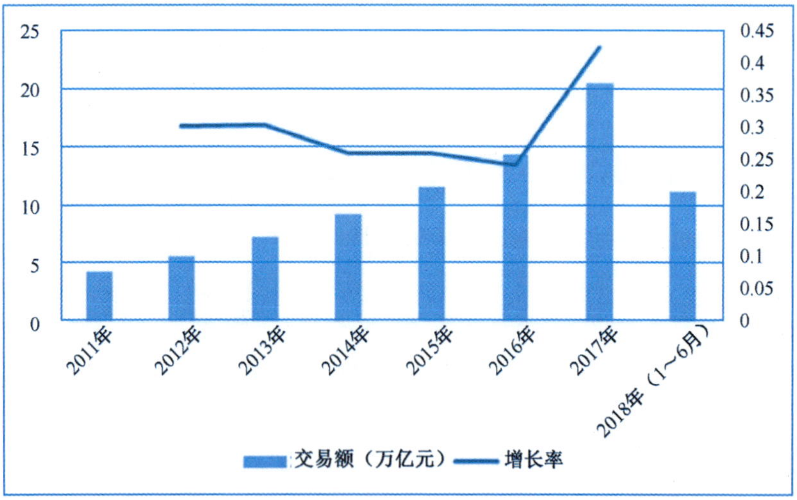

图 5-4　2012—2018 年（1～6 月）中国 B2B 电商市场交易额

（数据来源：易观智库，2018.10）

在经济发展增速放缓的背景下，国家围绕供给侧改革及“互联网+”推出了系列相关政策，成为B2B电商发展的助推器。近年来，B2B电商从交易服务平台的2.0阶段进入3.0的资源整合平台阶段，传统B2B巨头企业不断深化服务，向供应链金融、物流等产业链延伸，通过服务深入挖掘供应链价值，客户黏性不断加强，交付闭环逐渐形成，盈利模式多元化，直接带动总体行业营收增长。据电子商务研究中心监测数据显示，2017年中国B2B电商营收规模为350亿元，同比增长34.6%。2018年上半年，中国B2B电商营收规模为255亿元，与2017年上半年营收168亿元相比，增长51.8%。

五、网络零售占比持续提高

2018年，网络零售总额增长率有所放缓，但在社会商品总零售额中占比持续提高。据国家统计局数据显示，2018年1～11月，全国网上零售额约8.1万亿元，同比增长24.1%（见图5-5）。其中，实物商品网上零售额约6.3万亿元，同比增长25.4%，增速比社会消费品零售总额提高16.3个百分点，占社会消费品零售总额的比重为18.2%，比2017年同期提高3.4个百分点。在实物商品网上零售额中，吃穿用等基本生活类和文体娱乐类商品增速明显提高。2018年1～11月份，限额以上单位粮油食品类、服装类、日用品类商品分别同比增长10.1%、8.7%和13.4%，均保持较快增长。限额以上单位化妆品类、通信器材类和家用电器类商品较快增长，增速分别比限额以上单位平均增速高4.4、1.9和2.2个百分点。

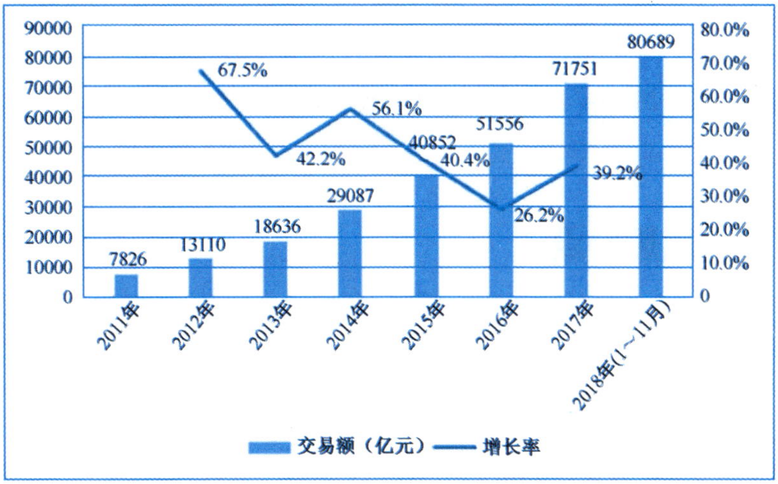

图5-5　2011—2018年（1～11月）中国网络零售市场交易额及增长率

（数据来源：国家统计局，2018.12）

六、移动网购规模不断扩大

根据中国互联网络信息中心数据，截至2018年，我国手机网民规模达8.17亿人，网民通过手机接入互联网的比例高达 98.6%。智能手机等移动设备在网民中的高渗透率在电子商务行业则集中表现为移动网购规模持续高速发展（见图 5-6）。电子商务研究中心数据显示，2018 年上半年我国移动网购交易规模为 27370 亿元，2017 年上半年我国移动网购交易规模为 22450 亿元，同比增长22%。目前，移动网购市场渗透率已达高位，增速逐渐趋于平稳。未来随着 5G技术的发展和移动终端设备和设施的持续更新，我国移动互联网各个细分市场的规模仍将持续爆发。

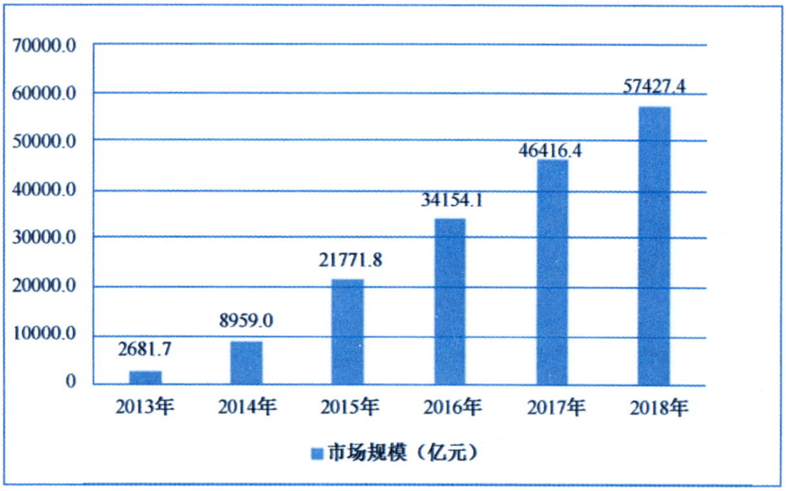

图 5-6　2013—2018 年中国移动网购市场交易规模

（数据来源：中商产业研究院，2018.11）

第二节　发展特点

一、体验经济时代电子商务企业从“跑马圈地”向深耕用户转型

“跑马圈地”的红利已接近结束，盘活存量用户、深耕已有客户的体验感、提升存量客户的品牌忠诚度成为2018年电子商务行业的发展趋势。随着用户在消费时情感需求比重上升、标准化产品失势、被动消费转变为主动消费等趋势的出现，重视消费者情感满足和价值认同的体验经济时代已经来临。科尔尼公布的报告显示，来自全球的受访者中，有 73%的人认为，美好的用户体验

是影响其品牌忠诚度的关键驱动因素之一；对于具有高品质用户体验的产品和服务，消费者愿意多花费16%的价格购买。

阿里巴巴依托天猫超市、天猫国际直营等自有平台生态，为用户提供折扣优惠等会员福利，让用户感受到成为会员带来的“有名有实”的实惠感。

京东在用户消费保障的基础上，通过京东物流等五大王牌举措、京东金融服务保障、三大事业群特色服务及“京东服务+”的升级，打造各个服务矩阵，进一步升级用户体验。

2019年2月，苏宁易购宣布收购万达百货旗下37家门店。公开资料显示，万达百货这37家门店大都位于国内一二线城市的CBD或市中心区域，会员数量超过400万人，万达广场年总客流量接近32亿人次。苏宁易购通过收购万达百货门店，获得后者的线下供应链和门店资源，在线上新增流量成本攀高的环境下向线下渠道扩张，积极布局全场景零售。

二、电子商务在精准扶贫中的作用进一步显现

2018年，农村电商逐渐告别野蛮生长时代走向转型发展的新阶段。农村电子商务的快速发展让越来越多的农民脱贫致富，尤其是迅速兴起的各类“淘宝村”“电商村”，显示了农村借助互联网实现跨越式发展的巨大潜力。2017年，国务院扶贫开发领导小组办公室支持260个县级地区开展“电商进农村”综合示范，其中包括237个国家级贫困县；2018年新增示范县260个，其中国家级贫困县238个（含“三区三州”深度贫困县64个），欠发达革命老区贫困县22个。截至2018年第三季度，综合示范项目已累计支持1016个县，覆盖国家级贫困县737个，占国家级贫困县总数的88.6%，其中的深度贫困县为137个。

截至2018年6月，我国农村网民占比为26.3%，规模为2.11亿人，较2017年年末增加1%（见图5-7）。据商务部初步统计数据，2017年全国农村网络销售额达到12448.8亿元，约占全国网络销售额的17.05%，同比增长39.1%。2018年上半年，农村地区网络零售规模不断扩大，全国农村网络零售额达6322.8亿元，同比增长34.4%，占全国网上零售额的15.5%，增速高于全国水平4.3个百分点（见图5-8）。2018年上半年，全国农产品网络零售额达906亿元（见图5-9），同比增长39.6%。其中，水果、茶叶、坚果销售额排名前三，占比分别为21.4%、16.5%、13.8%。

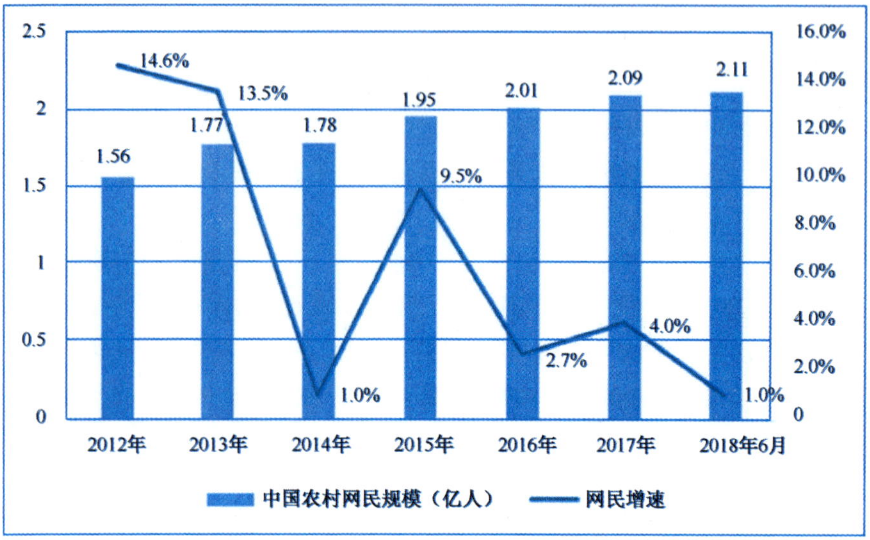

图 5-7　中国农村网民规模及增速

（数据来源：中国互联网络信息中心）

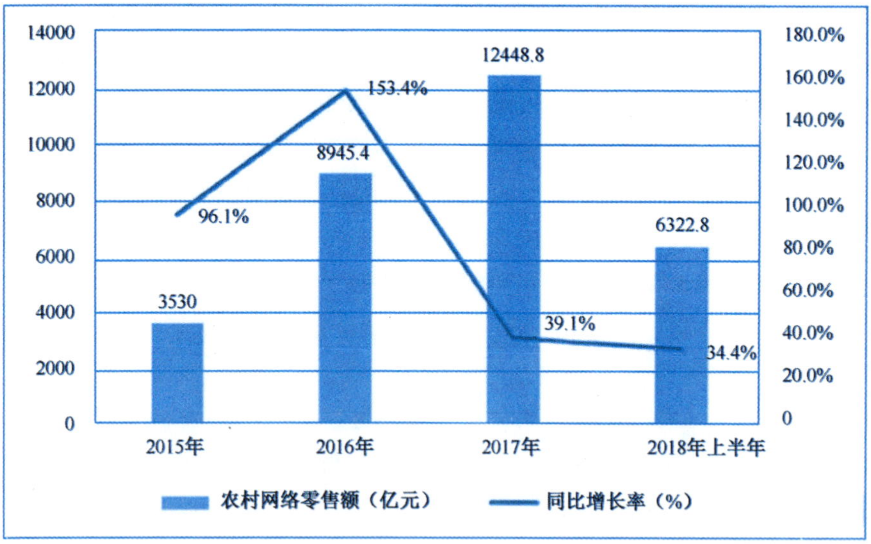

图 5-8　中国农村网络零售额

（数据来源：商务部）

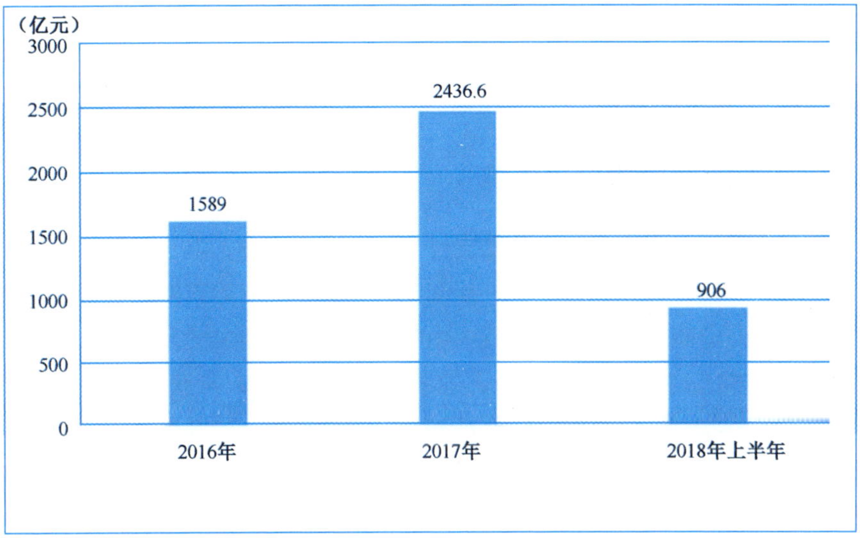

图 5-9　中国农产品网络零售额

（数据来源：商务部）

三、跨境电子商务发展持续升温

2018 年是跨境电子商务在政策支持下加速发展的一年。其中，受“一带一路”倡议及资本市场推动，出口电商行业发展升温，越来越多的传统外贸企业实现转型升级。进口跨境电商纷纷尝试向线下实体业务拓展。2018 年 4 月，天猫国际全国首家跨境线下实体店在西湖银泰店开业。随后，网易考拉首家线下实体店在杭州大厦中央商城开业。

跨境电商经历了乱象丛生后在 2016 年重新洗牌，2017 年步入快速有序发展轨道。根据商务部统计数据，2017 年上半年，我国跨境电商市场交易规模达 3.6 万亿元，同比增长 30.7%；其中，出口跨境电商交易规模为 2.75 万亿元，进口跨境电商交易规模达 8624 亿元。2013—2016 年，我国出口跨境电商年均增长率达 60%，跨境电商已成为我国外贸增长的新动力。近年来，随着“互联网+外贸”“一带一路”倡议的提出，出口跨境电商行业快速发展，在广东、浙江、福建等物流、网络发达的沿海地区已初具规模，出口范围涵盖美国与欧盟、东盟的主要发达国家，以及新兴市场国家，国外市场认可度不断提高。例如，速卖通平台已成为俄罗斯境内访问量最高的电子商务网站，中国的跨境电商平台占据的俄罗斯跨境电商近 50%的市场份额。

第三节　创新进展

一、新商业模式层出不穷

随着大数据、人工智能、移动支付等技术日渐成熟，电子商务“新物种”层出不穷，生鲜电商、无人零售、社交电商、优品电商等新模式、新业态快速发展。就生鲜电商来看，2017 年我国生鲜电商市场交易规模为 1391.3 亿元，同比增长 59.7%，共有 752 家新企业成立，其中 350 家获得融资，占比达 51.6%；新兴业态涵盖生鲜配送平台、生鲜超市+餐饮、社区生鲜便利店等多种形式。就无人零售领域来看，猩便利、盒马鲜生、淘咖啡、缤果盒子、EATOWN、24 爱购、Take Go 等无人货架、无人便利店层出不穷，据不完全统计，截至 2017 年 9 月，已经有至少 16 家无人货架获得投资，最高达到 3.3 亿元，融资总额超过 25 亿元。就社交电商来看，“网红+电商”“直播+电商”等模式的消费者流量占比逐渐增加，以有赞、京东微店、云集微店等为代表的内容社交电商平台，以小红书、美丽说、蘑菇街等为代表的微商平台，以拼多多等为代表的拼团社交电商日益兴起，分流效果显著。

二、智能技术改善消费体验

随着云计算、大数据分析、机器学习、人工智能等新一代信息技术商用化发展进入快车道，基于海量数据和智能技术的智能商业新生态正在形成，智能供应链、智能营销助手、智能客户服务等新技术模式极大提升了电商平台的运营效率，改善了用户的消费体验。例如，菜鸟网络于 2017 年 6 月在全国启动超级机器人仓群，通过智能算法、AGV 机器人等实现对商品库存的无人化、自动化、精准化管理；京东在北京、上海、武汉等多地建立无人仓，通过机器人实现移库、拣选、自动贴标签、集货、无人机配送、智能签收、农村智能物流配送等，每小时处理货物可达 1 万多件；阿里巴巴基于网商大数据和阿里云，研发上市了人工智能购物助理虚拟机器人“阿里小蜜”，对客户疑问的智能解决率接近 80%，在部分重点场景可达到 95%，满意度比传统的自助服务提升了一倍。

第六章

云计算

2018 年，工业和信息化部印发《推动企业上云实施指南（2018—2020 年）》，各地配套出台企业上云政策，进一步优化了云计算产业发展和行业应用环境，激发了云计算产业发展动力，云计算在企业上云、行业应用、市场竞争、生态布局、工业互联网落地等方面，呈现新的发展特点和趋势。

第一节　总体发展情况

一、全球公有云服务市场规模保持较高增速

据 Gartner 较早期的预测，2018 年全球公有云服务市场规模将达到 3058 亿美元，与 2017 年相比增长 17.5%，继续保持较高增速（见表 6-1）。

表 6-1　2010—2018 年全球公有云服务市场规模

年份	2010	2011	2012	2013	2014	2015	2016	2017	2018
产业规模（亿美元）	683	900	1110	1310	1528	1780	2196	2602	3058
增长率	—	32%	23%	18%	17%	16.5%	23.4%	18.5%	17.5%

数据来源：Gartner。

二、我国云计算市场规模高速增长

根据国际数据公司 IDC 发布的报告，2018 上半年，中国公有云服务（包括 IaaS、PaaS、SaaS）整体市场规模超过 30 亿美元。其中，IaaS 市场份额最大且增速再创新高，同比增长 83%；SaaS 市场份额位居第二，同比增长 35.7%。2018

年，我国软件百强企业云服务相关的运营服务收入增长超过 90%。骨干云服务商收入基本实现翻番，2018 年前三季度，阿里云营收达到 147.5 亿元，同比增长 94.9%；腾讯公有云服务营收达到 60 亿元，同比增长超过 100%。

第二节　创新进展

一、行业解决方案不断涌现，应用日益深化

我国云计算的应用正在从互联网行业向政府、金融、工业、交通、物流、医疗健康等传统行业渗透。2018 年，云服务商除升级云计算产品外，还在不断推出面向行业的解决方案。如阿里云 ET 农业大脑已应用于生猪养殖、苹果及甜瓜种植等领域，具备数字档案生成、全生命周期管理、农事分析、溯源等功能；阿里云 ET 城市大脑已在杭州、衢州、澳门等 10 多个城市落地，并从智能交通管理向医疗应急调度、城市管理、环境治理、旅游开发、城市规划、平安城市、民生服务七个领域拓展。百度云发布了面向农业、制造业和商业的赋能平台，“云农”平台覆盖生产环境监测、智能灌溉、农业气象、生产追溯等领域；“云制”平台连接工厂中控系统，并结合人工智能打造工业数据模型和机器视觉模型；“云服”平台则提供获客、推荐、运营、导购、客服、分析的全流程服务。

随着数字经济的发展和行业数字化进程的推进，传统行业数字化的潜力正在被激发，转型升级需求旺盛，将成为云服务市场增长的主要动力。而传统行业门类众多，以工业为例，我国具有全部工业门类（41 大类、191 中类、525 小类），且各行业状况不同，这就需要面向各细分行业的云服务解决方案。未来将会有更多云服务商推出面向更多细分领域的云服务，助力行业企业实现更深层次的数字化转型。

二、工业互联网成为新蓝海，探索落地应用

随着国务院《关于深化“互联网+先进制造业”发展工业互联网的指导意见》、工业和信息化部《工业互联网发展行动计划（2018—2020 年）》的印发和工业互联网试点示范项目的评选，工业互联网成为 2018 年产业发展热点。云计算是工业互联网的基础和支撑，各大云服务商纷纷推出工业互联网平台，为工业企业转型升级赋能。阿里云在重庆与赛迪研究院合作打造飞象工业互联网平台，基于边缘计算平台与工业 PaaS 云平台为软件服务商与系统集成商提供分布式、模块化开发和运营环境；阿里云在广东发布飞龙工业互联网平台，围绕工

业生产的供应链、研发、生产、销售、服务等环节为企业定制个性化解决方案；腾讯联合华龙讯达联合发布“腾讯木星云”，基于腾讯云平台架构和华龙讯达以 CPS 为核心的数字工厂建设技术，提供数据采集、数据建模、虚拟制造、大数据分析、虚拟供应链管理、产品全过程生命周期等应用，已在汽车、医药、机械制造、交通、核电、风电等行业进行推广；华为工业互联网平台已完成物联网操作系统、终端芯片、工业联接、边缘计算、工业 PaaS 等关键解决方案布局，覆盖研发设计、经营管理、智能生产、智能服务。

在工业互联网布局的热潮下，美国通用电气公司（GE）宣布出售其 Predix 工业互联网平台、工业富联业绩不及预期并跌破发行价等事件也给产业发展带来启示和思考，说明其还不能有效满足工业企业的实际需求。未来，各云服务商推出的工业互联网平台将进入应用推广阶段，需要更加重视工业行业的复杂性、个性化和用户企业的实际需求，结合具体场景实现跨界融合，解决企业发展实际问题，从而务实推动工业互联网应用落地。

第三节　发展特点

一、公有云 IaaS 市场寡头初步形成，价格战可能趋缓

Gartner 公布的数据显示，AWS、微软 Azure、阿里云、谷歌作为 2017 年全球公有云 IaaS 市场份额前四名，已占据 69.4% 的市场份额，比 2016 年的 56.6% 有大幅提升，市场集中化趋势更加显著。我国国内也是同样的市场格局，阿里云、腾讯云、中国电信等云服务商占据头部市场并不断扩大份额。持续多年的价格战也加快了这一进程，并给一些云服务商的运营带来了不小的挑战。2018 年上半年，金山云亏损 3.33 亿元，成为金山软件出现净亏损的一大原因；价格战使 UCloud 的内容分发网络（CDN）业务收入比例放缓，最终令其不得不减少这一业务；美团云则选择了放弃公有云业务。2018 年，阿里云、腾讯云、百度云等“财大气粗”的云服务商仍然进行了幅度不小的降价，但金山云、京东云、网易云等中型云服务商并没有跟进，价格战相比前几年有所降温。

公有云资金投入大、技术门槛高，各云服务商近几年通过降价等手段拓展市场份额，寡头格局基本形成。一方面，在各云服务商基本未实现盈利的背景下，已具备规模优势的云服务商希望能早日获得利润，不占优势的中小云服务商希望能减少亏损，虽然在“摩尔定律”作用下价格仍会合理下降，但继续价格战的可能性降低。另一方面，随着用户越来越重视上云深度和效益，对产品技术和服务能力更为看重，低价不是吸引用户的主要因素，价格战将转变为云

服务质量竞争，云服务商将更加注重打造优势产品、提升综合实力。

二、企业上云工作全面开展，更加注重上云效益

2018年8月，工业和信息化部发布《推动企业上云实施指南（2018—2020年）》，从政策引导和操作指导层面推动企业将信息系统向云平台迁移，支持企业利用云计算加快数字化、网络化、智能化转型，提出到2020年实现百万家企业上云。截至2018年10月，已有浙江、山东、江苏、广东、湖南等19个省（自治区、直辖市）出台了推动企业上云的政策文件，各自结合当地经济结构和产业基础，明确上云目标和任务重点，建立工作推进机制，加大资金支持力度，创新工作举措，联合产业力量积极推进企业上云，取得了明显成效。从2017年到2018年上半年，浙江全省新增上云企业18.81万家，累计已上云企业近24万家。截至2018年8月，江苏已上云企业数量超过19万家，湖南新增上云企业近6万家。在注重上云企业数量的同时，浙江、江苏、湖南等先行省份已出台企业上云效果评价方法，并遴选了一批企业上云典型标杆，引导带动更多企业高质量上云。

工业和信息化部于2018年10月启动企业上云典型案例征集活动，评选一批上云企业标杆。同时，工业和信息化部制定了企业上云效果评价标准，从应用云服务的种类和规模、云服务采购的费用支出比例、节省成本和提升效率的幅度、对企业及行业发展的带动作用、标杆效应和推广价值等方面对上云程度和效益进行综合评价，并于2019年发布，为全国各地企业上云评价提供指导和参考。随着各地上云政策措施的实施和效果评价标准的出台，企业上云工作将在全国范围进入更高质量的推进落实阶段。

三、巨头加大开发生态布局，开源和应用成为竞争关键

投资、收购和合作是巨头打造生态的常见策略，类似事件在2018年仍然此起彼伏。

Salesforce以约65亿美元收购软件开发商MuleSoft：MuleSoft主要提供集成各种应用程序、设备和数据的软件工具，借助收购，Salesforce将加大产品丰富度，面向用户提供更多服务；微软以75亿美元收购面向开源软件的代码托管平台GitHub，希望将千万数量级开发者纳入其云生态圈，推动"云+人工智能"战略落地；IBM以340亿美元收购红帽；红帽拥有Linux（开源操作系统）、OpenStack（开源云计算管理平台）、OpenShift（PaaS平台）、CloudForms（混合云基础架构管理平台）等产品和良好生态，将为IBM开发和应用方面注入强

劲动力，开拓新的云计算市场。

国内方面，各云服务商均将 PaaS 平台作为构建行业生态的关键，如阿里云推出面向应用、微服务研发和发布的 PaaS 平台 EDAS，腾讯云分别推出面向娱乐和物联网领域的 PaaS 平台，金蝶发布了采用开源技术、支持快速定制化开发的 PaaS 平台“苍穹”，京东也战略投资了致力于 PaaS 研发的博云，通过向开发者和合作伙伴开放应用定制平台，助力其研发细分行业领域的应用，并与自身平台应用集成，构建丰富的应用生态。

与前两年谷歌收购 Bitium（身份管理）、微软收购 Cycle Computing（高性能计算）、阿里云投资七牛云（云存储和 CDN）、戴尔收购 EMC（存储）、思杰收购 ShareFile（云存储）等事件不同，云服务巨头们在 2018 年不约而同地加大了对开源和开发生态的收购布局力度，开源已成为各大厂商竞争的关键。各云服务商希望充分利用开源汇聚的开发力量，构建开发和应用生态，进而提升综合实力。各云服务巨头在完成收购后，是否能够充分整合双方的业务和产品，保持和增强开源社区的活力，仍需要拭目以待。

第七章

大数据

2018 年，我国大数据生态环境不断向好，产业发展维持高增长态势。以八个国家大数据综合试验区为引领的大数据发展格局已经奠定。各试验区在保持高度差异化发展的同时，对本地区经济结构升级的推动效应愈发明显。工业大数据对制造业转型升级的牵引作用不断增强，催生出一大批新产品、新服务、新模式和新业态，成为数字经济的重要组成部分。

第一节　总体发展情况

一、产业规模

2018 年，我国大数据产业规模不断扩大，不但作为新兴产业发展势头迅猛，还将在未来几年内带动 IT 行业等国民经济其他领域加速转型升级。如图 7-1 所示为较早期预计的 2015—2020 年我国大数据市场产值图。

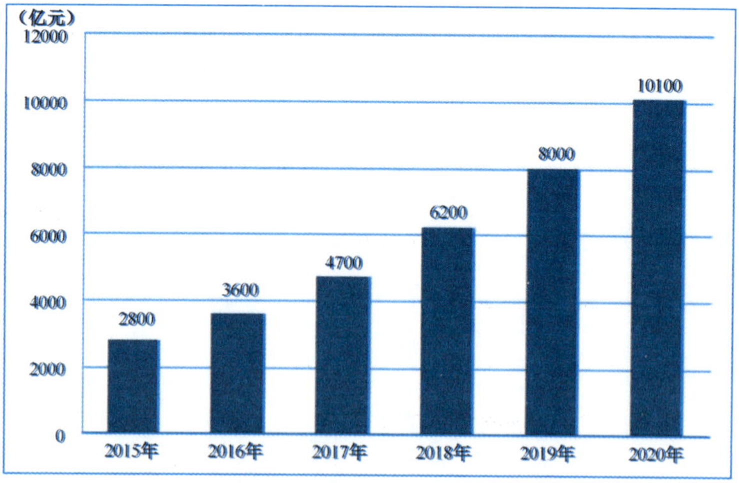

图 7-1　2015—2020 年我国大数据市场产值图

（数据来源：公开资料整理）

二、产业结构

2018 年，我国大数据产业链条加速完善，企业实力不断增强。包括大数据硬件、大数据软件、大数据服务等在内的大数据核心产业环节的市场规模突破 6200 亿元。与此同时，国内大数据公司业务覆盖领域日益完备，在数据采集、数据存储、数据分析、数据安全与数据可视化等领域均成长起了一批有一定实力与特色的大数据企业代表。阿里巴巴、华为、百度、腾讯等企业的平台处理能力跻身世界前列，华为、联想等公司在数据存储、处理等软硬件设备市场的优势逐渐显著。围绕大数据的创新、创业企业发展势头正热，在《中国大数据独角兽企业 TOP20 榜》中，平安医保、商汤科技、旷视科技、云从科技、金山云等一批优秀企业上榜。

第二节　主要特点

一、大数据相关政策文件日趋完善

我国从国家层面对大数据谋篇布局，国务院、工业和信息化部、国家发展和改革委员会、教育部、中国银行保险监督管理委员会等均推出大数据发展意见和方案，政策从全面、总体规划逐渐朝各大产业、各细分领域延伸，营造出利好政策大环境，促进大数据产业发展逐步从理论研究走向实际应用之路。

2018 年 1 月，中央网络安全和信息化委员办公室、国家发展和改革委员会、工业和信息化部联合发布《公共信息资源开放试点工作方案》，旨在推动释放公共信息资源的价值。教育部发布《教育部机关及直属事业单位教育数据管理办法》，对教育数据的应用给出指导。2018 年 5 月 ，中国银行保险监督管理委员会出台《银行业金融机构数据治理指引》，为金融机构数据治理做出详细指引。2018 年 6 月，工业和信息化部、国家标准化管理委员会出台《国家车联网产业标准体系建设指南（总体要求）》《国家车联网产业标准体系建设指南（信息通信）》《国家车联网产业标准体系建设指南（电子产品与服务）》，在车联网大数据方面给出建设标准。大数据政策向行业、领域的进一步延伸，加快了我国大数据应用推广的步伐。

二、公共信息资源开放取得较大进展

2018 年 1 月，中央网络安全和信息化委员办公室、国家发展和改革委员会、工业和信息化部三部门联合印发《公共信息资源开放试点工作方案》，选取了北京、上海、浙江、福建、贵州五省（直辖市）作为试点地区，在平台建设、数据开放范围、数据质量、数据开发利用、制度规范和安全保障6个方面开展试点。《2018年政务公开工作要点》又在标准制定、经验总结等方面对试点工作提出了详细要求。同时，交通运输部等部门相继出台相关政策，推动行业性公共信息资源开放工作。

在国家级层面的强力推进和要求下，各地相继出台相关文件，落实国家关于公共信息资源开放工作的要求，组织开展工作，推进本地区公共信息资源开放。从省级层面看，截至2018年4月，全国各省（自治区、直辖市）都发布了相关政策文件，将公共信息资源开放作为重点推进的工作之一。

在政策、技术、应用等多重因素的推动下，我国公共信息资源开放取得突破进展。主要表现在以下几个方面。

（1）公共信息资源开放平台建设有序推进。

根据国家政策要求，地方政府积极建立开放平台。从政策要求看，各地在相关政策文件中都提出要建立政府数据开放平台，如《河北省信息化发展“十三五”规划》《河南省“十三五”信息化发展规划》等，都包含建立开放平台的内容。在实践中，已有部分部门和地区走在前列。从部门层面看，中国气象局在2015年建设开通了中国气象数据网；国家林业局于2016年年初开通了中国林业数据开放共享平台，提供多类林业数据的浏览、统计和文字下载；交通运输部在2017年9月开通了综合交通出行大数据开放云平台，汇聚了政府、交通运输企业、互联网企业、科研机构及个人交通出行等数据，并向社会开放。从地区层面看，截至2018年4月，北京、上海、浙江、贵州等14个省(自治区、直辖市）在开放网站建设上走在前列，占全国（不包括港澳台地区）开放网站建设总量的48.4%。其中，北京、上海、福建、广东、山东、江西、重庆、贵州、海南、宁夏、新疆、陕西等14个省（自治区、直辖市）建设了专门的开放网站，占全国（不包括港澳台地区）专门的开放网站建设总量的38.7%。北京在2012年就已经建立了开放网站。江苏、四川等省份地区已在相关政府网站上专门建立了数据开放板块，浙江在省级政务服务网上建立了数据开放板块。

在全国15个副省级城市中，广州、深圳、济南、贵阳、青岛、哈尔滨、武汉、长沙、成都、南京、厦门、宁波已建立公共信息资源开放网站，占全国总量的比例达到80%。同时，福州、哈尔滨、东莞、佛山、南海、无锡、眉州、肇庆、湛江、苏州等数个城市已经相继开通了公共信息资源开放网站，向社会开放政府数据。

（2）公共信息资源开放效果逐步显现。

公共信息资源开放数量持续上升。从开放数据集数量看，北京、上海、贵州、深圳、广州、济南等省市地区已经超过1000个，占全部已开放地区总量的80%以上。从开放数据数量看，绝大部分地区的开放数据数量均超过数十万条，北京、陕西、广州、武汉、深圳、青岛等省市地区已达千万条，广东的开放数据数量达到 1.39 亿条。

公共信息资源开放范围不断扩大，经济发展、医疗卫生、教育科技、社保就业、交通运输、资源能源、信用服务、民生服务等成为政府数据开放的主要领域。公共信息资源开放内容是各地制定相关政策文件涉及的主要内容，超过80%的省市地区在相关文件中提出要加快推进政府数据开放，如深圳市提出要开放交通、商事服务、税务、社会信用、社保、健康医疗、教育、气象、环境、安监、统计等领域数据。2017 年，上海在开放医疗食品、公共安全、交通出行、环境治理等重点领域数据资源的基础上，进一步扩展到社会民生、教育科技、城市建设、商贸金融等领域。从各地已建的开放网站看，北京、上海、山东、贵州、广东、青岛等各个省市地区的政府数据开放部门均已超过30个，浙江开放的省级部门达到 68 个，贵州达到 57 个。在北京、上海、山东、重庆等政府数据开放网站上，住房、教育、社保等领域数据资源下载量名列前茅。

三、国家大数据综合试验区引领作用凸显

2018 年，以八个国家大数据综合试验区为引领的大数据发展态势已基本奠定。京津冀地区着力打造大数据走廊格局，已初步形成大数据协同发展体系；以上海为核心的长三角地区，持续推进大数据与当地智慧城市建设，以及与云计算、人工智能等其他新一代信息技术发展深度结合；珠三角地区在大数据应用创新、产品研发及产业管理方面率先垂范。2019 年，中国大数据产业发展形势展望具有成效，贵州、重庆、河南、沈阳四个试验区近年来大数据产业发展势头迅猛，有望成为我国大数据发展的新增长极；位于内蒙古自治区的基础设施类综合试验区则充分发挥其在气候、资源、地形上的优势，不断加大资源整合力度，与东部、中西部地区的产业合作不断增强，在绿色集约的原则下开始了跨越式发展。

四、大数据人才培养成为焦点

根据《2018 中国大数据产业发展白皮书》中的数据，目前，中国大数据领域人才学历层次主要以本科为主，本科及以上学历从业人员占比合计 89%，整个行业呈高学历化。从人才的主要学科来源看，计算机类、统计类和数学学科占比最大，显示出大数据人才培养中对计算机相关知识、统计学和数学基础的

综合性要求，这种要求导致大数据人才培养的难度较大，对学生的学习能力和课程设置的要求也较高。

中国大数据人才储备排前三位的城市依次为北京、上海和深圳。这些城市丰富的大数据人才储备与其高等教育水平密切相关，如北京大学、清华大学、复旦大学、上海交通大学等高校为中国大数据产业输送了众多优质人才。从2016年开始，国家为应对大数据人才市场缺口，创设了“数据科学与大数据”本科专业。截至2018年，审批通过设置该专业的学校数量从2016年的3所增长到248所，扩张了近83倍。“数据科学与大数据技术”专业课程体系完整，涉及数学、统计和计算机等多个学科，满足了市场对复合型人才的需求。

五、工业大数据引领制造业升级

2018年，随着《关于深化制造业与互联网融合发展的指导意见》《关于深化“互联网+先进制造业”发展工业互联网的指导意见》《工业互联网发展行动计划（2018—2020年）》《工业互联网App培育工程实施方案（2018—2020年）》等政策文件的出台实施和深入贯彻，制造业数字化、网络化、智能化转型步伐不断加快。高质量数据已成为工业系统运行的核心要素，用于推动大中型企业实现智能制造升级和工业互联网转型，并支撑中小企业创新、创业。三一重工树根互联、海尔COSMO、航天科工INDICS等工业互联网平台快速发展，可为客户提供精准的大数据分析、预测、运营支持及商业模式创新服务。企业级工业大数据平台应用场景不断丰富，百度的工业大数据监测平台已逐渐延伸到汽车、日化等行业；三一重工树根互联利用大数据分析技术为智能工程机械物联网提供有效决策支持。工业大数据生态环境不断优化，在工业和信息化部指导下成立的工业互联网产业联盟，会员数已突破400家，已从产业需求、技术标准、应用推广、安全保障、国际合作等角度开展了多项务实工作并取得了诸多研究成果。

第三节　相关建议

一、分层次推进大数据治理体系建设

建立健全数据相关制度体系，组织开展数据共享、开放、交易、安全等方面的细则研究工作及相关的专项检查和治理，推动制定数据资源确权、开放、流通、交易相关制度。建立标准规范体系，包括政府数据标准体系、大数据市场交易标准体系等，明确交易规则，制定定价标准，规范数据利用和交易。完

善大数据第三方监管平台建设，建立数据交易机构资质审核和准入机制，加强事前准入、事中监测和事后处置等监管机制和手段，大力发展数据评估、数据估值和数据交易审计等第三方服务。建立数据流通负面清单制度，规范数据流通行业，禁止危害国家安全、泄漏个人信息及企业商业秘密的数据流通。

二、全方位提升工业大数据服务能力

建立工业大数据标准体系，围绕大数据在工业产品研发设计、生产制造、物流、销售、维保服务等全生命周期的应用进行相关标准及技术框架研制。支持骨干企业及行业协会组织积极参与标准制定，并率先探索工业大数据标准应用。推进高端设备读写自由研究，实现工业软件、物联设备的自主可控，促进设备数据融合流通。建设工业大数据平台，联合国内领先的工业系统及解决方案企业、信息技术企业和工业生产企业，共同开放能够实现底层设备数据集成、计算处理和分析的新型工业大数据平台，支持第三方开发工业大数据分析应用。支持企业探索工业大数据应用和服务模式，建立试点间企业互联互通的数据融合系统网络，逐步扩大影响范围，为广泛培育数据驱动型企业提供实践经验。

三、打造“建、管、防”三位一体安全综合体系

强化数据法律的建设，明确数据采集、传输、存储、使用、开放等各环节的范围边界、责任主体和具体要求，在法律法规层面强调数据的资产地位。对企业的个人信息开发利用、数据外包服务的使用、数据共享合作等行为加强安全监管。制定大数据共享交换和开放目录，为数据融合、交易安全、共享开放提供技术依据。加强安全技术防护机制，在真实性基础上，通过一体化管控约束、规范、监控用户行为，利用多级别容侵技术实现对网络攻击的高抵抗能力，建立集“建、管、防”为一体的纵深防御体系。鼓励在涉及国家安全和稳定的应用场景下采用安全可控的产品，提升基础设施关键设备自主可控水平。建立网络安全监测机制，对网络攻击、网络病毒、网络中断等重大安全事件进行全方位监测、精准化分析和智能化预警。

四、加速推进大数据技术产品创新

推进产学研用协同攻关，加强大数据分析关键算法和共性基础技术研发，重点加强大规模数据仓库、非关系型数据库、数据存储、数据清洗、数据分析挖掘、数据可视化、自主可控信息安全与大数据条件下的隐私保护等核心技术

研发创新。鼓励企业以开源模式和开放社区资源为基础开展技术产品研发，重点突破同态加密、差分隐私、多方安全计算、零知识证明技术等关键技术和产品。围绕重点领域大数据应用，突破基于纵向行业数据的价值挖掘理论和算法，开展大数据应用模型、深度学习、类脑计算、认知计算、区块链、虚拟现实等技术和产品创新。加速推进科研成果转化，大力发展以应用需求为牵引的跨学科、跨领域交叉融合技术研究，汇聚多方资源共同加快大数据前沿技术产业化进程。

五、构建大数据人才培养体系

鼓励大数据企业、研究机构和高等院校合作开展数据科学和大数据专业学历教育，针对大数据产业发展需求，培养大数据系统架构师、分析师、数据分析师、数据挖掘工程师等专业人才及大数据领域高层次创新人才。加大大数据尖端人才引进力度，鼓励海外跨行业、复合型高端人才回国就业创业。共建实习实训基地，发展订单式、现代学徒制等专业化人才培养模式，有针对性地培养实用型、技能型人才，提升技术人员的综合数据处理能力。积极拓展企业家培训平台，依托国际与国内知名学府、知名跨国公司和其他培训机构，进一步加强对本土科技型企业家的培育和培训，培育一批高素质的大数据人才和跨界复合型领导人才。

第八章

人工智能

第一节　总体发展情况

中国已成为人工智能发展最迅速的国家之一，人工智能产业发展正在推动智能经济雏形的初步显现。普华永道预测，到 2030 年人工智能将为全球 GDP 带来 14%的增长，即 15.7 万亿美元的市场规模。其中，中国的 GDP 增长规模为 26%，北美洲的 GDP 增长规模为 14%，为全球受到人工智能带动效应最大的两个地区。截至 2018 年年初，我国人工智能核心产业规模达到 180 亿元，带动相关产业规模达到 2200 亿元，人工智能企业数量超过 1000 家，位列全球第二。同时，我国人工智能领域的资本总量稳步增长，截至 2018 年年底，中国人工智能投融资总额超过 700 亿元，占全球的 30%以上。

从企业层面看，人工智能龙头企业在我国行业资源整合中扮演着重要角色。2017 年以来，国内互联网巨头加大力度进行战略合作与投资并购。百度先后与北汽集团、博世、大陆、哈曼、联想之星等企业达成战略合作协议，投资语音识别公司渡鸦科技和感知视觉公司 xPerception。阿里巴巴投资混合智能汽车导航企业 WayRay，菜鸟物流与北汽集团和东风汽车成为战略合作伙伴。腾讯注资特斯拉和 AR 初创企业 Innovega，并依托腾讯 AI Lab 发布“AI in All”战略。国内平台层面资源正在加速整合，龙头企业屡屡通过投资并购迅速获得相应细分领域中的前沿核心技术，降低研发失败的风险，在行业资源整合中发挥越来越重要的作用。百度、搜狗等在自然语言处理领域加速平台能力建设，腾讯、阿里巴巴、华为等在机器学习和云计算等领域具有行业优势。

初创企业逐步在底层基础支撑、核心技术突破、场景化行业应用等方面全面发力。在基础领域，涌现出寒武纪科技、地平线机器人、深鉴科技、耐能、西井科技等一批创新技术企业。在技术层，格灵深瞳、旷视科技、商汤科技等深耕计算机视觉，科大讯飞等在自然语言处理领域技术较为领先。在行业应用方面，我国在智能机器人、智能金融、智能医疗、智能安防、自动驾驶、智能教育、智能家居等重点领域涌现出一批具有代表性的初创企业，地平线、小 i 机器人等在智能机器人平台搭建方面颇有建树，出门问问、思必驰等成为语音语义及自然语言处理方面的后起新秀，华大基因、碳云智能等成为智慧医疗领域的重要力量，BroadLink 等在智能家居领域有所突破，驭势科技等在自动驾驶领域前景广阔。

2019 年，人工智能通过与云计算、医疗、物流仓储、政务国防、隐私数据保护、卫星数据处理、网络安全、体力蓝领、农业、自动驾驶、金融服务、企业管理、材料科学等各种行业领域的深度融合，加速塑造新的社会经济形态。例如，在云计算领域，百度、阿里巴巴、腾讯、京东等巨头公司及科大讯飞等独角兽公司，意图扩大在云计算领域优势人工智能应用生态。在医疗领域，随着美国食品药品管理局（FDA）批准全球第一款自动筛查视网膜病变的人工智能医疗设备上市，我国人工智能辅助医学诊断产品的商用化进程也将加速。人工智能技术与产业的加速融合将大大提升生产和生活效率，从工业生产到消费服务等各个方面改变人类生活。2019 年，人工智能在保障改善民生、社会治理等方面将发挥更加积极的作用，智慧城市、智慧交通、智慧医院等创新智能服务体系建设将更为完善。

第二节　创新进展

（1）人工智能芯片技术和产品发展势头迅猛。

当前，随着人工智能芯片、大数据、云服务等软硬件基础设施逐步完善成熟，人工智能正向各行各业加速渗透，市场规模将加速扩大，为我国人工智能产业发展带来巨大契机。人工智能芯片以图形处理器（GPU）、现场可编程门阵列（FPGA）、专用集成电路芯片（ASIC）为发展方向。2016 年，专用于人工智能的芯片市场规模约 6 亿美元，其中，我国人工智能芯片市场规模约 15 亿元。预计到 2021 年，全球人工智能芯片市场规模有望超过人工智能行业整体增速，达到 52.4 亿美元，年均复合增长率为 54.3%。芯片作为人工智能的核心部件，在技术驱动和需求牵引下，市场增长有望实现增速逐年扩大。国内已经涌现出寒武纪、中星微、深鉴科技、地平线等一批人工智能芯片领域创新创业公司，它们紧抓国内人工智能产业蓬勃发展的政策、市场和资本机遇，充分运用人工智能芯片相关应用尚未成熟的技术机遇，以人工智能细分领域的定制化芯片为切入点，积极开展技术创新。

（2）计算机视觉技术持续创新。

在计算机视觉技术中，以静态物体识别技术发展最为成熟，动态图像和场景识别技术尚存在较大上升空间，计算机视觉产业链上游的软件开发和芯片设计环节的核心技术长期被国外企业垄断，我国企业的主要优势集中于下游应用领域。我国人工智能细分领域企业数量分布统计数据显示，计算机视觉与图像领域企业数量为 146 家，排名第一；排名第二和第三的分别为智能机器人企业（125 家）和自然语言处理企业（92 家）。我国计算机视觉应用的三大领域是半导体与电子制造、汽车及制药，其占比分别为 46.4%、10.9%及 9.7%。随着消费升级催生更丰富的应用场景，无人驾驶、娱乐营销、医疗诊断的应用需求日益攀升。与此同时，国内从事计算机视觉领域的公司在2011 年后显著增加，百度、旷视科技、商汤科技、格灵深瞳、依图科技等技术实力较为领先的国内明星企业不断涌现。

（3）自然语言处理和语音识别技术已近成熟。

我国在自然语言处理和语音识别方面具有良好的技术产品优势。由于中国文化和中文的特殊性，我国已培育出一批优秀的智能语音企业，掌握了语音识别、自然语言处理、语音合成、语音评测、声纹识别等核心技术。中文智能语音技术处于国际领先水平，语音识别的通用识别率可达 95%以上，占据国内市场的主导地位，业务覆盖移动互联网、智能家居、教育、汽车、金融、医疗等众多领域。未来，国内人工智能、大数据、云计算、5G 网络等的普及将继续推动智能语音技术提升，移动互联网、智能家居、智能汽车等领域可为智能语音产业提供广阔的市场空间，我国智能语音产业将面临巨大发展机遇，科大讯飞、百度、搜狗、出门问问、云知声、思必驰、小 i 机器人等企业有较大的技术优势。

（4）智能机器人技术产品创新走上快车道。

当前，国内外机器人产业迎来大发展，智能化成为未来的升级方向。其中，围绕人机协作、人工智能和仿生结构的技术创新最为活跃，推动机器人向智能机器人演进。在人机协作方面，随着人机交互技术由基本交互向图形、语音和体感交互方向不断发展，人机共融技术已不断深入，成为机器人尤其是工业机器人研发过程中的核心理念。在人工智能方面，深度学习、计算机视觉、语音识别、自然语言处理等技术已成为服务机器人提升智能化水平并实现持续发展和场景渗透的重要引擎。在仿生结构方面，仿生新材料、仿生与生物模型技术、生机电信息处理与识别技术不断进步，推动特种机器人逐步实现“感知

—决策—行为—反馈”闭环流程，使其自主智能水平和环境适应性不断提升。在我国大力推进制造强国战略和人工智能的大背景下，智能机器人产业将进入高速增长期。2017年我国机器人市场规模达到62.8亿美元，2012—2017年的平均增长率达到28%，预计2020年产业整体规模可达100亿美元以上。其中，工业机器人2017年市场规模达42.2亿美元，2012—2017年平均增长率达25%；服务机器人2017年市场规模达13.2亿美元，2012—2017年平均增长率达31%；特种机器人2017年市场规模达7.4亿美元。

（5）人工智能基础设施创新迫在眉睫。

当前，加强移动互联网、大数据、云计算、物联网、航空系统、智能交通基础设施、储能设施、新能源汽车充电桩、智能电网等对人工智能应用落地的基础支撑，已成为业界与学界共识。2018年以来，国家积极引导和支持建立一批人工智能开放平台、开源项目及大规模常识性数据库，开放底层技术接口和数据库调用接口，鼓励初创人工智能企业在此基础上进行应用创新和商业落地，加速人工智能技术向产品应用转化。

第三节　发展特点

在政务服务方面，人工智能技术已经得到广泛应用，包括采用人脸识别、声纹识别等生物识别方式进行的身份验证，采用对话式人工智能提供智能化政务服务，采用语义理解、运用情感分析算法判断网络观点的正负面、群众情绪的舆情管理，采用“文本分析+知识图谱+搜索技术”辅助刑侦、技侦工作的智能警务情报系统，采用计算机视觉类技术识别并追踪监控中的重点嫌疑人员的智能公共安全响应等。总体来说，政府端是目前人工智能切入智慧政务和公共安全应用场景的主要渠道，早期进入的企业逐步建立行业壁垒，未来需要解决数据割裂问题以获得长足发展。各地政府的工作内容及目标有所差异，因而企业提供的解决方案并非是完全标准化的，正迫切需要根据实际情况进行定制化服务。由于政府对于合作企业一般要求较高，行业进入门槛提高，海康威视等早期进入者“强者恒强”趋势明显。

在金融行业，人工智能的应用场景逐步由以交易安全为主向变革金融经营全过程扩展。人工智能技术发展迅速推动智能金融领域的进步。人工智能在金融领域的应用可分成服务智能、认知智能和决策智能三个层面。服务智能得益于算力的提升，进行监督式机器学习，例如，利用人脸识别、语音识别和智能客服等达到提升金融领域交互和服务的目的。认知智能以监督式机器学习为主，辅以无监督式挖掘特征变量，进而使风险识别和定价更为精细。决策智能以无监督学习为主，通过预测人脑无法想象、尚未发生的情景，指导和影响当前决策。该层面在人工智能金融领域的典型应用是智能量化投资。传统金融机构与科技企业进行合作推进人工智能在金融行业的应用，改变了金融服务行业的规则，提升了金融机构商业效能，在向长尾客户提供定制化产品的同时降低了金融风险。

在医疗健康领域，医疗行业人工智能应用发展快速，我国医疗人工智能的应用领域相对集中，应用场景多侧重于医疗健康产业链后端的病中诊疗阶段。腾讯、阿里巴巴等互联网平台企业，推想科技、汇医慧影、依图医疗等创业企业及西门子等传统医药企业，均将医学影像作为现阶段人工智能技术产品化的重点方向，开发了一批针对食管癌、肺癌、乳腺癌、结直肠癌筛查及糖尿病视网膜病变的人工智能辅助医学影像产品。在落地模式方面，我国人工智能医疗企业的商业落地路径尚不明晰，与医疗机构、制药企业、器械厂商、保险公司、政府和科研机构的合作模式仍处于初期探索阶段，合作效率较低，尚未形成盈利方案。目前来看，急需建立标准化的人工智能产品市场准入机制并加强医疗数据库建设。人工智能的出现将帮助医疗行业解决医疗资源的短缺和分配不均的众多民生问题，但由于关乎人的生命健康，人工智能能否如预期般广泛应用，还将取决于产品商业化过程中如何制定医疗和数据监管标准。

在自动驾驶领域，以无人驾驶技术为主导的汽车行业将迎来产业链的革新。传统车企的生产、渠道和销售模式将被新兴的商业模式所替代。新兴的无人驾驶解决方案技术公司和传统车企的行业边界将被打破。随着共享汽车概念的兴起，无人驾驶技术下的共享出行将替代传统的私家车的概念。随着无人驾驶行业规范和标准的制定，将衍生出更加安全和快捷的无人货运和物流等新兴行业。不过，国内智能驾驶全产业链还需要进一步有效激活，整车制造、汽车电子环节参与度亟待提高。一方面需要弥补与国外整车厂商在汽车电子控制系统方面的技术能力差距，另一方面要推进布局从国外采购核心零部件、核心算法外包给科技企业的做法，在企业间的风险共担、数据分享等方面找到成熟的合作模式，强化全产业链协同合作。

在制造业领域，人工智能的应用潜力巨大。面向研发设计环节，利用人工智能算法开发数字化自动研发系统，大幅度降低制药、化工、材料等周期长、成本高、潜在数据丰富领域的研发不确定性，推动高风险、高成本的实物研发设计向低成本、高效率的数字化自动研发设计转变。面向生产制造环节，利用人工智能技术提升柔性生产能力，实现大规模个性化定制，提升制造业企业对市场需求变化的响应能力。面向质量控制环节，利用人工智能技术在材料、零配件、精密仪器等产量大、部件复杂、工艺要求高的制造业细分领域，率先实现产品快速质检和质量保障，提升人工智能技术与物联网和大数据技术的融合水平，构建面向生产全流程的质量自动检测体系。面向供应链管理环节，利用人工智能技术实现对供需变化的精准掌握，建立实时、精准匹配的供需关系，着重提升市场需求变动大、供应链复杂领域的供应链效能。面向运营维护环节，建立基于人工智能算法的设备产品运行状态模型，监测运行状态指标的变化情况，提前预测和解决设备、产品、生产线的故障风险。不过，由于制造业专业性强，解决方案的复杂性和定制化要求高，且制造业数据资源未被充分利用，所以人工智能目前主要应用在产品质检分拣和预测性维护等易于复制和推广的领域。然而，生产设备产生的大量可靠、稳定、持续更新的数据尚未被充分利用，这些数据可以为人工智能公司提供优质的机器学习样本，解决制造过程中的实际问题。

在消费零售领域，人工智能商务决策场景、精准营销场景、客户沟通场景等各个零售环节多点开花，应用场景碎片化并进入大规模实验期，人工智能在消费零售领域的应用场景正在从个别走向聚合，传统零售企业与电商平台、创业企业结成伙伴关系，围绕人、货、场、链搭建应用场景。例如，京东将人工智能技术运用于零售消费的全系统、全流程、全场景，在供应端，京东发布人工智能平台，实现了智能算法的跨场景复用，每天的调用量突破12亿次。在金融服务领域，蚂蚁金服利用人工智能技术控制金融风险、提高金融效率、降低交易成本、提高用户体验，其微贷业务实现了3秒申请、1秒决定、0秒等待的“310”服务形态，其“定损保”业务通过一张照片即可识别车险赔付中车辆的维修成本。苏宁、国美等线下零售企业开始布局线上、线下相结合的人工智能应用。

从聚集地域和重点领域看，我国人工智能初创公司多聚集在北京、上海、深圳等地，人工智能产业在长三角、珠三角、京津冀三大城市群呈爆发式增长，北京、上海、天津、广东、安徽、浙江等省（自治区、直辖市）初步形成特色人工智能产业集群。北京高居国内人工智能企业数量区域榜榜首，上海和广东分列第二和第三位，浙江和江苏两省也集聚了一定规模的人工智能企业。北京的创新型企业不断涌现，国内领先地位初步显现。具体来看，北京以395家人工智能企业数量位列全国第一，聚集了近半数的国内人工智能企业，形成了以领军企业独角兽为代表的高成长企业及潜力初创企业协同发展的产业生态。上海紧抓人工智能产业机遇，立足作为金融中心的引力优势，促进芯片、软件、图像识别、类脑智能等基础层和技术层发展，加速人工智能在金融、制造、教育、健康、交通等领域的落地，促进人工智能与实体经济深度融合。在产业分布上，浦东区的人工智能企业约占全上海的 30%，而其他各区均有人工智能企业分布，呈现全地域发展的特征；在产业布局上，上海立足产业优势，促进人工智能与实体经济深度融合。深圳创业创新氛围浓厚、投融资发达，促进了初创企业的快速成长，深圳人工智能相关的投融资总频次达 172 次，投资金额总量达 87 亿元，占全国比重超过 5%；腾讯、华为通过股权投资、技术交易等方式，加强与初创企业的联系，深圳市政府设立总额为 2.5 亿元的深圳湾天使基金，共同促进初创企业的发展，形成了以腾讯、华为等大型龙头企业为引领、众多中小微企业蓬勃发展的产业格局。

第九章

网络安全

第一节　总体发展情况

一、网络空间规则体系加快形成

2018 年，我国网络空间立法进程加快，互联网顶层法律制度框架体系快速构建。同年 8 月 31 日，十三届全国人大常委会第五次会议表决通过《中华人民共和国电子商务法》，并于 2019 年 1 月 1 日起施行，其中多项条款对个人信息安全及电子商务平台在网络安全方面的责任义务进行了明确规定。《个人信息保护法》《数据安全法》已列入十三届全国人大常委会立法规划。2018 年 3 月 14 日，国务院办公厅发布《国务院 2018 年立法工作计划》，《未成年人网络保护条例》《公共安全视频图像信息系统管理条例》等位列其中。国务院发布的《快递暂行条例》首次针对用户电子数据信息保护、快件丢失后如何索赔等问题进行了明确规定。国家互联网信息办公室发布了《微博客信息服务管理规定》《区块链信息服务管理规定》《具有舆论属性或社会动员能力的互联网信息服务安全评估规定》《金融信息服务管理规定》等一系列针对新技术、新业务的规章制度。公安部发布了《网络安全等级保护条例（征求意见稿）》《公安机关互联网安全监督检查规定》《互联网个人信息安全保护指引（征求意见稿）》。全国信息安全标准化技术委员会发布的《信息安全技术个人信息安全规范》正式实施。国家市场监督管理总局、国家标准化管理委员会发布了《信息安全技术公民网络电子身份标识安全技术要求》等 6 项国家标准。中国人民银行发布了《中国人民银行关于进一步加强征信信息安全管理的通知》。中国银行保险监督管理委员会发布了《银行业金融机构数据治理指引》，中国证券监督管理委员会发布了《证券基金经营机构信息技术管理办法》。一个以网络安全法为基础，一系列专门性法律、规章制度、行政性规范及基础标准体系等构成的网络空间规则体系正加速形成。

二、互联网综合治理体系更加完善

2018年，围绕互联网治理，公安部、最高法、最高检、工业和信息化部、中央网信办等部门加大协作配合力度，形成治理合力。在公民个人信息保护方面，全国建成了32个省级、316个地市级反诈骗中心，打击跨国电信诈骗等违法犯罪活动。公安部等部门持续开展“净网”专项行动，清理156万余条各类违法犯罪信息，关停5万余个违法违规网络账号，挂牌督办整治了百度音乐、新浪微博、搜狗图片、网易博客、360搜索等43家传播各类违法信息的网站栏目，以及世纪互联、鹏博士宽带、杭州电信、郑州联通等119家互联网数据中心；加强了自媒体“网络水军”敲诈勒索等违法犯罪活动侦办，共侦破自媒体“网络水军”团伙犯罪案件28起，关闭涉案网站31家，关闭各类网络大V账号1100余个，涉及被敲诈勒索的企事业单位80余家。在“护苗2018”专项行动工作中，中宣部牵头会同中央网信办、公安部、文旅部、国家广播电视总局、全国“扫黄打非”办公室等多个部门制定出台分工方案，明确部门工作职责。

三、个人信息泄露事件频频发生

2018年以来，个人信息泄露事件频频发生。6月13日，知名视频播放网站A站（AcFun）遭遇黑客攻击，数据库近千万条用户数据发生泄露；6月14日，前程无忧数据库的195万余条用户数据疑似泄露，但该公司声明否认；8月1日，浙江省1000万条学籍数据在暗网被拍卖，泄露数据包括身份证号、学籍信息、监护人信息等多项敏感信息；7月18日，顺丰疑似泄露物流数据，总量达3亿条；8月28日，华住旗下酒店约5亿条用户信息泄露，包含身份证、内部ID、电话、消费记录等多个敏感字段；12月31日，包括60万账户信息、410万联系人的“12306数据”疑似流出，随后破获并将犯罪嫌疑人陈某刑拘。

四、网络安全建设能力日益提高

2018年，我国互联网安全能力显著提高，技术研发与人才建设双双进步。一是不断推出网络安全新技术、新产品。2018年8月，阿里云发布云盾Web应用防火墙，能够对网站业务流量进行恶意特征识别及防护，将正常、安全的流量回源到服务器；8 月，启明星辰发布物联网安全接入防护系统 IoT－VBox，该系统能够全面监测物联网系统中各终端的安全状况，同时开发了在线物联网终端学习算法，对终端的数据流内容进行建模，当终端被植入木马时，能够实现阻断报警防护；9 月，永信至诚推出 e 春秋网络安全实验室靶场平台，并利用该系统承办了多次大型网络安全竞赛。二是不断加强网络安全人才培养力度。一方面，武汉市和四川省政府先后出台《关于支持国家网络安全人才与创新基地发展若干政策的通知》和“信息安全专项资金补贴”等政策，加强对网络安全高层次人才的培养和引进。另一方面，网络安全竞赛如火如荼地开展。2018 年 8 月，由公安部和国家密码管理局指导的“网鼎杯”网络安全大赛顺利举行，吸引了超过两万名选手参赛；11 月，由中央网信办指导的“湖湘杯”网络安全技能大赛顺利开展，该比赛是 2018 中国（长沙）智能制造大会的重要组成部分，目的是发现和培养高端网络安全人才。

第二节　发展特点

一、漏洞仍是互联网安全发展的威胁

2018 年，信息安全漏洞继续呈现上升趋势，仍是互联网健康发展的主要威胁。根据中国国家信息安全漏洞库（CNNVD）网站统计数据，2018 年新增信息安全漏洞 15 040 个，比 2017 年的 11097 个增加了 36%。其中，从危险程度看，高危以上漏洞数量达到 1297 个，占信息安全漏洞总量的 8.7%，较上一年度有所下降；从类型分布看，跨站脚本漏洞数量最多，占比为 11%。

二、技术泛化成为关键基础建设发展的重要隐患

近年来，5G、云计算、大数据、物联网、工业互联网、人工智能等新技术得到快速应用，正在成为能源、电力、交通、金融等重要行业基础设施建设的重要组成部分。新型基础设施建设表明新技术应用已经泛化，技术安全风险外溢成为互联网发展的隐患。例如，在工业互联网领域，根据工业和信息化部 2018 年第四季度对 54 个工业互联网平台、200 多万个联网工业控制设备进行持续监测的结果显示，疑似弱口令、SQL 注入、信息泄露等安全风险共 2433 个，针对工业互联网平台的 SQL 注入、跨站脚本等网络攻击达 1000 余起。

三、数据泄露安全事件仍然高发

2018 年，个人隐私泄露频发，多个行业成隐私泄露重灾区。根据《2018 年

数据泄露水平指数》数据，仅 2018 年上半年，全球就发生了 945 起较大型的数据泄露事件，导致共计 45 亿条数据泄露，与 2017 年相比数量增加了 133%。中国数据隐私泄露事件仍然层出不穷，酒店是最严重的行业之一，华住酒店泄露的用户数据，不仅包括 2.4 亿条、约 66.2GB 的酒店入住记录，还包括约 1.3 亿条、约 22.3GB 的入住登记身份信息和约 1.23 亿份、约 53GB 的官网注册资料。快递行业中，约 10 亿条圆通快递数据在暗网上被兜售，顺丰的 3 亿条数据在暗网上兜售。

区域篇

第十章

长江三角洲地区互联网发展状况

长江三角洲地区（以下简称长三角地区）是中国经济发展最活跃、最发达、城镇集聚程度最高的城市化地区之一，实体经济基础雄厚，拥有一批互联网骨干企业，在互联网产业和应用方面处于国内领先水平。

第一节　大数据发展渐入佳境

一、政策环境不断优化，基础设施日趋完善

江苏、浙江、安徽、上海三省一市政府结合各地特色，出台了大数据发展相关规划，并成立了大数据专门管理机构，浙江率先提出“数据强省”，上海打造“五位一体”产业链生态发展布局，江苏抢抓先机构建“智能制造”生态体系，安徽形成以合肥为“一体”、淮南与宿州为“两翼”的产业布局，逐渐形成大数据产业发展的新模式、新机制。

长三角地区互联网基础设施建设规模不断扩大。目前，在全国 10 个国家级骨干网直联点中，3 个位于长三角地区，区域内的通信传输与其他地区网络流量相比，绕转距离更短、效率和安全性更高。三省一市宽带接入端口达到 1.6 亿个，其中，光纤接入端口（FTTH/O）数占全国端口比重达到 21.2%，完善的基础设施为区域内大数据产业发展提供了良好支持。据不完全统计，区域内数据中心达 90 个，为区域内企业提供较为完善的服务。

二、创业创新较为活跃，大数据产业稳步发展

长三角地区整合企学研用等多方资源，建立完善多层次的大数据人才队伍，通过制定有针对性的人才优惠政策，吸引相关人才和领军团队落地就业、创业。据《长三角区域大数据产业发展报告（2018）》，长三角区域拥有国家工程研究中心、国家级双创示范基地和工程实验室等创新平台近 300 家，年研发经费支出和有效发明专利数均约占全国的 30%，开设“数据科学与大数据技术”专业的高校达47家，人才流入率位居全国前列。依靠良好的政策环境和强大的人才优势，长三角区域大数据企业发展欣欣向荣，既有大型企业引领，又涌现出大批中小型创新企业，也有不少企业从传统互联网、软件领域转变为以大数据为主营业务方向之一，呈现百花齐放的局面。据不完全统计，在2010年后成立的大数据企业中，已有 61 家企业上市（包括新三板、创业板和主板），截至2017年，已有231家大数据公司获得融资，在技术研发、行业应用、服务创新等方面展现出优势，显示出长三角区域大数据企业较强的竞争力。

三、各区域各具特色，点面结合协同发展

长三角地区大数据产业逐渐形成以重点城市为中心，区域协同发展的局面。各省市地区发挥自身特色优势，浙江加快推进智慧城市建设，促进大数据与各行业加速融合；上海重点打造医疗、金融等垂直领域的大数据服务；江苏的传统制造业借力大数据，加快产业数字化转型升级；安徽在智能语音等人工智能研发和应用领域引领行业创新。上海、杭州在全国范围内属于创新中心，区域内的大数据企业发展较早，已形成产业规模，数量均超过 300 家。南京、苏州、无锡作为江苏的重要城市，大数据公司众多。合肥、淮南等城市作为后起之秀，把大数据作为未来重要的发展方向之一，在近两年纷纷成立大数据公司。区域内的创新创业、产业协同氛围浓厚、沟通交流便利，形成了良好的产业发展环境。

四、产业生态初具雏形，行业应用日益丰富

《长三角区域大数据产业发展报告（2018）》显示，长三角地区大数据产业地图收录了企业、机构 1055 家，创新创业落地 1205 个，除该区域内注册的企业外，还有众多知名国内外大数据企业机构在长三角地区设立分部，为区域内企业提供服务。上千家企业机构覆盖数据采集汇聚、存储处理、挖掘分析、数据应用、数据安全、大数据周边等全产业链条，其中，聚焦数据应用服务的企业占比达到 58%，区域内大数据周边服务企业占比 12%，众多机构在资金、企

业服务、技术研发、人才培养等方面为大数据提供了良好的发展环境和条件。

在智慧城市、金融、政务、医疗、工业等领域，企业提供丰富多样的大数据服务。三省一市政府的政策支持及信息化建设的大力发展为该领域企业发展提供了良好的环境，众多企业机构为城市智慧式管理和运行提供解决方案，长三角地区城市在政务民生、交通物流、旅游教育等方面加快数字化转型。例如，依托数据共享交换，长三角地区正着力重点推动民生领域信息化应用的对接协同，例如，稳步推进航运物流信息的互通共享；长三角地区高速公路 ETC 实现畅行，探索开展长三角地区公共交通一卡通应用；推动实现太湖流域、长江口、杭州湾污染数据信息和区域内空气质量预报数据共享。数字媒体及娱乐的大数据应用也较为广泛，相关服务企业占比达 22%，长三角“包邮区”大量的电子商务业务对零售业的数字化转型、运营的数字化优化及产业链上下游的数字化改造提供了保障条件。金融、医疗、工业等领域大数据也已广泛应用，助力行业降本增效，取得了不少的应用成果。

第二节 工业互联网发展先声夺人

长三角地区是我国重要的先进制造业基地，工业增加值占全国的 25%以上，新能源汽车占全国市场份额的三分之一，机器人产能占全国市场份额的 50%，集成电路的产业规模也占全国半壁江山，高端装备制造处于全国领先水平，具备工业互联网发展的优越条件。各地高度重视、积极推动，加强协同，取得良好成效。

一、以企业上云为抓手，推动工业互联网平台发展

建设工业互联网平台，推动企业“上云上平台”正在成为长三角地区产业发展的重点。长三角地区内各地已积极开展综合性、行业性、区域性的工业互联网平台建设布局，初步具备了区域协作的基础。在浙江，阿里云计划到 2025 年服务工业企业 30 万家，连接 2 亿台设备；上海依托大平台、大国企，致力于打造长三角地区一体化工业互联网平台，汇聚产业链上下游数据；在江苏，徐工集团的汉云平台已承载超过 60 万台工程机械装备上云；安徽宣城启动万家企业上云计划。2018 年，长三角地区工业互联网平台助力百万企业“上云上平台”服务倡议启动，提出到 2020 年实现新增“上云上平台”企业百万家，生产效率提高 20%以上，运营成本降低 20%以上。

二、政府合作搭建平台，推动区域协同发展

2018 年，长三角地区工业互联网协同发展相关的政策举措不断出台。浙江、江苏、安徽、上海三省一市共同起草了推进互联网平台集群联动的合作框架协议，将加快推动一批跨区域工业互联网平台应用，力争促进平台间形成互信机制；成立长三角地区工业互联网开发者社区，联合开展工业互联网重大关键技术攻关和产业创新；努力建设一批基于工业互联网平台创新应用的示范工厂和标杆园区；制定扶持政策，培育上万个工业 App；重点培育浙江阿里云、上海宝信软件、上海智能云科、江苏徐工信息、安徽合力等工业互联网平台企业，力争在全国率先建成区域性工业互联网平台集群。松江、嘉兴、杭州、金华、苏州、湖州、宣城、芜湖、合肥 9 城市还共同发布了《G60 科创走廊推进工业互联网协同发展实施方案》，将共同制定跨区域的工业互联网政策，推动制度政策对接；共同设立工业互联网专项资金，加强财税资金支持；共同聚焦优势平台、示范标杆、技术研发等方面，推动技术研发升级和项目落地应用；积极打造工业互联网安全保障支撑体系，建设面向长三角地区的工控安全功能载体。此外，相关基础设施建设不断加快，2018 年，工业互联网标识解析国家顶级节点（上海）正式上线，对于长三角地区实现跨领域、跨行业、跨地域的信息互联互通，加快新兴产业发展和落地应用具有巨大的促进作用。

三、企业加快布局，工业互联网落地成效明显

区域内企业积极行动，推动工业互联网落地应用。阿里云、苏宁科技、智能云科、宝信软件、徐工信息、安徽合力、飞友科技等 16 家平台企业，围绕共同合作制定“上云上平台”技术、服务和收费标准，形成长三角地区“上云上平台”统一的服务资源池，推动工业企业核心业务系统“上云上平台”，构建工业互联网产业生态，建立工业互联网安全保障体系，加大财政补贴等方面发起联合倡议，推动构建协同的长三角地区企业“上云上平台”生态体系。

诸多工业企业利用工业互联网促进转型和创新，取得了明显成效。位于江苏的双良节能系统，通过将数千台能源设备上云，实现数据整合、参数耦合，进而改进流程工艺，实现能效优化，降低运维成本 20%~40%，综合节能 20%~50%。杭州一家年销售 28 亿元的制造业企业，使用传化网平台一年多后，打通了信息动脉，订单管理大幅优化，平均订单执行时间从 17 小时减少到 13 小时，供应链协同效率提升 30%，发货和到货及时率从 80%提升到 96%。

第十一章

珠江三角洲地区互联网发展状况

第一节　深圳

深圳的互联网产业起步较早，基础较好，发展较快，是中国第一批向社会提供 Internet 接入服务的城市。1994 年 10 月，深圳讯业获得原中国邮电部第一张批文，获准从事计算机信息网络国际联网业务。

（1）互联网网民普及率已高于全国平均水平。

截至 2017 年 12 月 31 日，深圳的网民和手机网民规模均突破千万人。其中，网民渗透率达 87.1%，比全国平均水平高出 32.1 个百分点，在深圳，手机网民占全体网民的 98.1%。深圳 4G 网络用户数稳步上升。深圳主城区已基本实现 4G 网络的覆盖，城区覆盖密度位居全国前列，4G 应用广泛性领跑国内。截至 2017 年第四季度，深圳的 4G 用户达到 2141.8 万户，比 6 月份增长了 214.4 万户，半年增长率约为 10%。

（2）产业规模位居全国大中城市前列。

据《深圳市 2017 年国民经济和社会发展统计公报》显示，深圳全年七大新兴产业增加值合计 9183.55 亿元，其中，互联网产业增加值 1022.75 亿元，比上一年增长了 23.4%。

（3）企业集聚引领发展。

经过近几年的快速发展，深圳涌现出一批互联网产业龙头企业，产生了良好的产业集聚效应，起到了较好的引领示范作用。2018 年中国互联网前 100 强中，深圳有 8 家。其中，腾讯公司排名第二，是我国最大的互联网综合服务提供商之一，提供从即时通信、资讯服务、休闲娱乐到电子商务和手机支付的全方位服务模式，市值超过 3000 亿美元。

第二节　广州

广州作为中国三大国际通信和互联网枢纽之一，信息基础设施发达，国际出口带宽已经超过 2000Gbit/s。目前，广州的国际电路可直达 70 多个国家和地区，基本形成了通达全球的网络架构，是全国最大的国际出口带宽。目前，广州已铺设光纤总长度超过 850 万千米，家庭宽带普及率达到 74%，已建成无线局域网（WLAN）接入点 17 万个，TD-LTE 基站 9050 个，规模居全国第一。免费无线上网服务公共区域覆盖率达到 70%以上。完善的信息网络设施基础为广州互联网创新集聚区信息技术的发展提供了坚实的承载能力。

广州的互联网产业竞争力强。2018 年，广州规模以上服务业中互联网和相关服务企业营收增长 58.2%，限额以上网上商店零售额增长 15.4%，增速高于社会消费品零售总额 7.8 个百分点。网络消费火爆带动快递业快速发展，2018 年，广州快递业务量继续保持全国第一，首次突破 50 亿件，达 50.64 亿件，增长 28.8%。网络餐饮消费方式盛行，限额以上住宿餐饮业通过公共网络实现的餐费收入增长 62.4%。互联网企业竞争力强，网易、广州华多、唯品会、21CN 等 8 家企业排名位居中国互联网企业百强前十。

第十二章

环渤海地区互联网发展状况

环渤海地区位于我国华北、东北、西北三大区域结合部，包括北京、天津、河北、辽宁、山东、山西、内蒙古，面积为186万平方公里，2014年年末常住人口为3.14亿人，地区生产总值为18.5万亿元。

京津冀地区是环渤海地区合作发展的中心区；辽中南地区以沈阳、大连为中心，以鞍山、抚顺、本溪、营口、锦州、铁岭、丹东、辽阳、盘锦等城市为支撑；山东半岛地区以济南、青岛为中心，以烟台、潍坊、淄博、威海、德州、东营等城市为支撑，正在统筹建设山东半岛蓝色经济区、黄河三角洲高效生态经济区、青岛西海岸新区。

一、京津冀地区

北京着力加快推动工业互联网发展，以构建“高精尖”产业体系为目标，于2018年11月正式印发《北京工业互联网发展行动计划（2018—2020年）》，立足首都城市战略定位和京津冀协同发展布局，以打造工业互联网可控核心技术为突破口，以激发北京市高精尖产业创新活力、转型动力和发展潜力为主线，促进行业应用，强化安全保障，完善标准体系，加快人才培养，引领我国工业互联网持续快速发展，促进北京经济新旧动能转换，有力推动制造企业的智能化转型升级，加快推动从“在北京制造”向“由北京创造”的转变，使北京成为引领中国制造向中国创造转变的先行区域和战略高地。

北京将推动规模以上工业企业生产线和业务系统“上云上平台”；建成工业互联网标识解析国家顶级（北京）节点和20个以上行业标识解析二级节点；重点工业骨干企业创新应用工业技术软件化率达到 50%；创建具有国际竞争力的跨行业、跨领域工业互联网平台；打造以北京为中心，辐射津冀两地、服务全国的工业互联网创新应用示范基地。同时，建立以北京为中心，辐射津冀两地、服务全国的工业互联网产业生态，为中小企业提供全面的服务，汇聚各方力量共同探索工业互联网的业务模式创新。

二、辽中南地区

目前，辽宁以沈阳和大连产业集群及辽宁沿海经济带相关产业园为依托，以东北区域超算中心、大连华信云计算中心等数据中心为支撑，在不断完善产业布局和区域布局的基础上，重点突破云计算、大数据、物联网、移动互联网、宽带通信、软件及信息技术服务、智能制造与工业软件等领域的关键技术。

辽中南地区主要依托东北区域最大的超算中心及大连华信云计算中心前期建设基础，支持以专有云为目标的云计算、超算中心平台的完善和升级。依托东软集团等单位，提升健康大数据及应用技术研发能力；依托东北大学和中科院沈阳自动化所等单位，结合沈阳典型装备制造业企业和冶金、石化等行业具体需求，推动工业物联网关键技术研发和应用示范；在沈阳新松机器人、沈阳鼓风机、特变电工沈变集团等企业进行智慧工厂的云计算、大数据、物联网试点示范。依托东软集团、大连国御科技有限公司等企业，研发以拟态安全为代表的网络空间安全关键技术和产品。

同时，辽宁重视搭建“互联网+”新业态共性技术创新平台，基于超算、云计算的信息技术产业共性技术，面向辽宁“十三五”规划战略性新兴产业培育、传统行业转型升级、省级重点产业集群的发展需求，发挥好互联网平台性技术能力。

三、山东半岛地区

山东大力推进大数据产业发展。围绕大数据采集、传输、存储、分析、交易、应用和安全等环节，推动关键技术研发及产业化，加速数据聚合应用、互联互通，创新技术服务模式，打造技术先进、生态完备的产品体系，打造“数聚山东”集聚发展工程。预计到2022年，将依托济南、青岛、淄博等市，突破一批大数据关键技术，形成一批国际领先的大数据产品和解决方案，形成一批有特色的信息服务企业及产业，建成海洋大数据和医疗大数据中心，创建3～5个国家级大数据产业集聚区，产业规模突破千亿元。

山东注重推动云计算发展。加强云计算技术与物联网、下一代互联网、移动计算的融合，运用云计算技术进行产品和服务模式再创新。优化云计算基础设施布局，积极发展基础设施即服务（IaaS）、平台即服务（PaaS）、软件即服务（SaaS）等云服务，提升公有云服务能力，扩展专有云应用范畴，推进“云行齐鲁”企业上云推进工程。预计到2022年，将依托济南、青岛、济宁等市，加快云计算设备研发步伐，开发云计算系统，提升云计算能力，云服务能力覆盖全国，打造成千亿级的云计算特色产业集群。

山东近年来大力提升工业互联网服务能力，通过实施工业互联网创新发展战略和智能制造工程，支持企业加快数字化、网络化、智能化改造，集中力量攻克关键技术，实施智能制造带动提升行动，培育智能制造生态体系。

与此同时，山东加快高端软件发展，大力实施“四名”工程，支持首版次高端软件创新及应用试点，构建自主可控的高端软件产业体系。依托济南、青岛等重点城市，在共性基础软件、工业应用软件等领域进行多点突破，打造高端软件产业集群。

第十三章

福厦沿海地区互联网发展状况

第一节　总体发展情况

福建近年来牢牢把握新一轮科技和产业革命的历史性机遇，努力营造有利于数字经济发展的政策环境、融资环境、管理环境、文化环境，在此基础上，福建的数字经济不断发展壮大，大数据、物联网、云计算、人工智能等新兴产业发展速度较快。在2018年8月举行的世界互联网大会上，中国网络空间研究院发布《中国互联网发展报告2018》蓝皮书，书中对全国互联网发展成效和水平进行了综合评估。结果显示，在2018年全国互联网发展指数排名中，广东、北京、上海、浙江、江苏分列前五名，福建位列全国第九名。

第二节　发展特色

一、大数据产业发展亮眼

福建把推动大数据与实体经济深度融合作为大数据战略行动的主要任务。通过大数据与各行各业、领域深度融合，促进产业转型升级和政府治理能力、公共服务水平全面提升。大数据与农业、服务业加快融合，智慧旅游、智慧物流、农村电子商务蓬勃发展。在中国电子信息产业发展研究院发布的《中国大数据产业发展水平评估报告》中，福建的大数据产业规模发展亮眼，在全国各省（自治区、直辖市）中排名第七（见图13-1）。

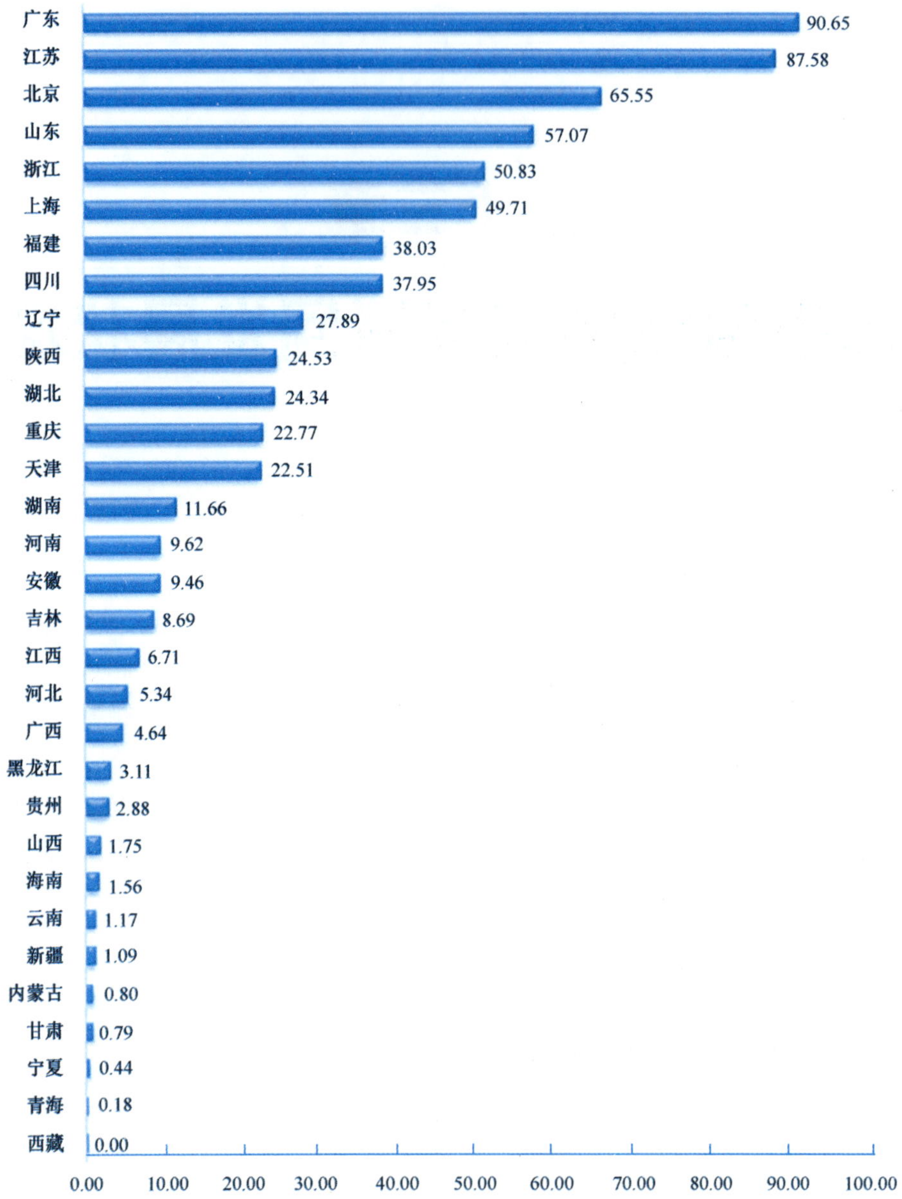

图 13-1　全国各省（自治区、直辖市）大数据产业规模指数

（数据来源：赛迪智库）

此外，福建的大数据企业竞争实力较强，在全国各省（自治区、直辖市）中排名第五（见图 13-2）。

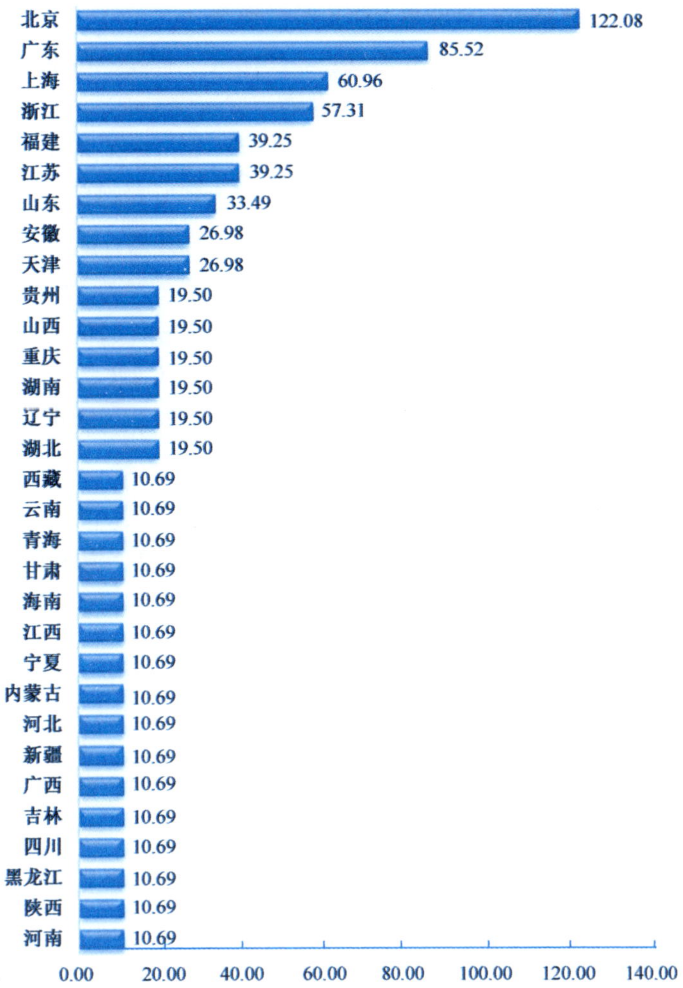

图 13-2 全国各省（自治区、直辖市）大数据企业竞争力指数

（数据来源：赛迪智库）

二、数字福建成效显著

根据福建省经济信息中心会同新华三集团数字经济研究院创新编制的关于数字经济指数的评价报告显示，2018 年福建的数字经济发展驶入快车道，全省数字经济指数达到 74.6，同比增长 2.3%。数字产业化进程快速提升，信息通信产业高速增长，大数据、云计算、物联网等新兴信息技术产业集群发展格局已基本形成，信息基础设施迈入全国先进行列，数字产业化指数达到 72.4。产业数字化成效显著，实体经济与数字经济融合进一步加深，行业特色平台、企业级优势平台体系加速育成，产业数字化指数达到76.1。

（1）数字新基础成为经济增长新支点。2018年，福建的信息基础设施建设迈上新台阶，数字新基础指数达67.6。5G商用试点快速推进，光网与4G实现城乡全覆盖，固定宽带家庭普及率位居全国第2位，互联网省际出口带宽达20TB。窄带物联网已实现全省覆盖，福州片区国家级互联网骨干直联点、省级公共信息资源开放平台、海丝卫星数据服务中心正式开通，数据资源汇聚整合形成新优势。

（2）数字新产业发展亮点频现。2018年，福建的软件与信息技术产业发展呈良好态势，数字新产业指数达74.0。骨干龙头企业快速发展，电子信息制造业收入增幅居全国第6位，软件业务销售收入增幅位居全国第8位。物联网及相关产业产值超1800亿元，同比增幅超125%。

（3）数字新机制驱动"放管服"改革。2018年，福建在数字化驱动"放管服"改革方面取得新的成效，数字新机制指数达到77.3。电子政务建设水平全国领先，在全国率先建成省级统一的政务信息网、电子政务外网和无线政务专网，闽政通App已实现与各级政务平台"一号通认"，实现群众"掌上办事"。

（4）数字新民生点亮智慧生活。2018年，福建在交通、医疗、教育等领域的数字化建设取得显著成效，数字新民生指数达74.6。医疗健康大数据产业发展迅速，建成了全球规模最大的肝病及肝癌大数据平台。智慧港航、智慧公路、智慧运管以及人脸识别、车牌识别等新技术实现了数字化在交通领域的推广应用。

（5）数字新生态走在全国前列。2018年，福建在生态环境保护领域数字化发展成效显著，数字新生态指数达77.0。在全国率先建成了省级的生态环境大数据云平台。厦门为提升垃圾分类监管的信息化水平，建成了全省首个餐厨垃圾信息化管理平台。

（6）数字新应用领域不断拓展。2018年，福建不断拓展文化、海洋等领域的数字化应用，数字新应用指数达75.6。数字海洋建设位居全国前列，在海洋环境观测、水产品追溯、海域动态监视监测、渔船应急管理等方面基本实现数字化。福建省加快推进文化数字化建设，形成了一批具有全国影响力的文化科技融合发展的新亮点。

第十四章

中部地区互联网发展状况

第一节　总体发展情况

一、加大发展力度，发展势头强劲

在基础设施方面，山西等地在光纤宽带建设方面的赶超趋势日益明显。湖北等地积极布局 5G 试验网，积极推进 5G 技术研发和创新。在网络安全方面，安徽在网络空间安全人才培养上具有较大发展潜力，位居国内前列。

二、中国数字经济发展的增长极

在全国经济社会整体快速数字化的背景下，中部地区也在快速发展，而地域辐射效应开始显现，尤其是以武汉等城市为核心带动了周边城市的增幅，并且增长开始由沿海和中部的人口大省向中西部地区延伸。我国数字经济发展不均衡的状况在一定程度上得到了改善。而且由于大城市带动小城市的数字经济发展趋势逐步形成，以大数据建设为代表的互联网时代新经济发展模式，反映出数字经济发展对地缘位置的硬性要求在降低，区域经济发展跨越了传统地理空间的限制。中国人口基数大，因此互联网新经济潜力更大，不仅电子商务的数据硬件中心都建在中西部地区，电子商务软件平台的快速发展也让中西部地区富有特色的农副产品可以便捷地销往全国，为中西部地区经济赶超东南沿海插上了“数字经济”的翅膀。与此同时，以高铁为代表的现代交通物流网络建设，让中部地区经济在互联网时代拥有了更加便捷的交流方式。随着人力、货物、资金等生产要素流动成本降低，不仅改善了投资者对中部省份的增长潜力预期，也极大增强了中部地区省份互联网发展的综合能力。

第二节　重点省市发展情况

武汉光谷出现大型互联网公司“第二总部”加速扎堆聚集的现象，成为武汉互联网发展的显著性事件。据不完全统计，2018年，已有小米、小红书、科大讯飞、慕声科技、猿辅导、尚德机构等24家互联网企业宣布在武汉光谷设立总部或“第二总部”，涉及领域涵盖人工智能、互联网教育、交通出行、网络安全、安防等多个细分领域，为当地创造数万个就业岗位，推动武汉光谷“互联网+”新兴业态迅猛发展。目前，以东湖高新区为引领，武汉“第二总部”经济模式已见雏形。

2018年9月，工业互联网标识解析国家顶级节点（武汉）在湖北省武汉市东湖区正式宣布启动建设。建设国家顶级节点是推动整个标识体系，进而推动工业互联网发展的关键举措，还承担着重要的国家网络安全任务，并且能够以此建设顶级节点为契机，建设中国信息通信研究院湖北基地。顶级节点承载了工业互联网标识服务、管理的关键职能，是国家工业互联网核心资源和重要基础设施，是支撑工业万物互联互通的神经枢纽。顶级节点、二级节点的入驻对于湖北的实体经济发展有很大帮助，湖北电信将加强下一步的配套服务，在网络带宽、用电等方面给予优惠支持。基于武汉和湖北的区位优势、产业优势，武汉市政府准备以顶级节点为起点，将武汉建设成为中部基地及国家工业互联网标识战略布局中的技术研发中心、技术支持中心及集成创新中心，并打造成湖北的工业互联网窗口。

第十五章

西部地区互联网发展状况

第一节　陕西

一、发展速度加快

2018 年 10 月 18 日，第八届陕西互联网大会在西安举行并发布《2017 年陕西省互联网行业发展报告》，其中的数据显示，截至 2017 年年底，陕西的互联网普及率为 54.8%，网民数量达 2100 万人，同比增长 5.6%。由中国网络空间研究院编著的《中国互联网发展报告 2018》蓝皮书中指出，虽然广东、北京、上海、浙江等经济发达地区的互联网发展水平最高，但以陕西、四川为代表的西部地区在加大发展力度，发展势头强劲（见表 15-1）。

表 15-1　2018 年全国各省(自治区、直辖市)互联网发展指数排名前 10 位

排名	地区	总分	基础设施建设指数	创新能力指数	数字经济发展指数	互联网应用指数	网络安全指数	网络管理指数
1	广东	62.03	7.63	13.30	13.31	22.06	1.06	4.67
2	北京	56.43	7.59	13.92	12.43	17.32	2.17	3.00
3	上海	52.72	6.79	8.95	10.42	22.11	1.90	2.55
4	浙江	52.64	6.38	10.06	8.08	21.60	0.79	5.01
5	江苏	50.59	6.55	12.52	9.82	15.97	1.67	4.06
6	山东	43.90	6.16	8.64	5.47	16.05	0.39	7.19
7	陕西	39.39	5.41	6.17	7.73	14.74	1.40	3.94
8	四川	37.26	5.82	5.70	5.24	13.54	1.55	5.41
9	福建	36.71	5.41	5.37	5.52	15.39	1.27	3.75
10	湖北	35.71	5.40	6.37	4.90	14.46	1.16	3.42

数据来源：《中国互联网发展报告 2018》，2018 年 10 月。

据陕西省通信管理局统计，2018年，陕西三家基础电信企业完成数据及互联网业务收入为232.3亿元。其中，移动数据及互联网业务收入为185.1亿元，同比增长9.3%，占电信业务收入的52.4%；固定数据及互联网业务收入为47.2亿元，同比下降1.6%。

二、互联网基础资源持续增加

2017年，陕西狠抓通信基础设施建设工作，制定和实施《陕西省加快通信基础设施建设行动计划》（陕政函〔2017〕92号），确定了“四大工程”“十项重点任务”，共涉及20多项通信基础设施建设指标，并与各市人民政府签订了责任书，明确了工作要求。陕西省通信管理局依据省政府行动计划内容，制订了详细的实施方案，细化了具体工作措施，并将建设任务分解至各电信运营企业，夯实了责任和目标。

通过政府、企业的共同参与和分头推进，截至2017年12月，陕西新增光缆线路19.1万千米，累计达到108.7万千米；全省新增光纤到户端口320.35万个，光纤到户用户数达到770.9万户，光纤到户端口数位列西部省份第二；西安骨干直联点完成带宽扩容270GB，新增互联网省际出口带宽10TB，互联网省际出口总带宽接近17TB，较2016年增长75%以上；全省新增4G基站3.1万个，4G用户占移动电话用户总数比例超过70%，移动宽带用户普及率达到94.2%，全国排名第七；全省固定宽带下载速率达到18.99Mbit/s，同比提升了65.6%；4G网络访问互联网时的平均下载速率为17.65Mbit/s，与2016年年底相比增幅近50%。

三、全力打造“互联网+”产业集群

结合曲江新区文化、旅游及现代服务业的产业定位，陕西打造了西部地区最大的“互联网+文化”创新创业孵化基地。其中，曲江369互联网创新创业基地被评为陕西首批文化产业示范园区。自2017年4月开园以来，曲江369互联网创新创业基地已经吸纳企业80多家、承载办公人数1000多人，入驻率达到100%。

第二节　重庆

一、网络零售额持续增长

重庆智汇电子商务规划研究院发布了《2018年上半年重庆市网络零售发展

报告》,其中的数据显示，2018 年上半年，重庆电子商务市场规模增长平稳，实现网络零售额为 334.41 亿元，同比增长 25.62%。其中，实物型网络零售额为 281.53 亿元，占比为 84.19%，同比增长 27.86%；服务型网络零售额为 52.88 亿元，占比为 15.81%，同比增长 42.3%。食品保健、本地生活、服装服饰这三类为上半年重庆电子商务市场热销类目。

从季度来看，2018 年第一季度全市网络零售额为 151.67 亿元，第二季度为 182.74 亿元，增长率为 20.48%。全市网络零售购物受春节、“6・18”网购节等因素影响：1 月存在大量提前消费，2 月的网络消费受春节期间物流快递停运等影响，6 月的消费网购节“6・18”刺激拉动消费，网络零售规模总体保持增长趋势。其中，6 月全市网络零售总额为 69.44 亿元，而 6 月 1 日—6 月 18 日期间实现网络零售额 43.55 亿元。

二、“互联网+文创”推动重庆互联网产业迸发活力

渝中区委、区政府为进一步贯彻落实《重庆市人民政府关于加快推进互联网产业发展的指导意见》(渝府发〔2008〕117 号)文件精神，与市区共同打造互联网产业园，促进重庆市区及渝中区互联网产业的蓬勃发展。

2018 年，上清寺互联网产业园通过持续构建融合、协同、共享的“科创+文创”这一“双创”生态环境，将渝中“母城”历史文化资源与互联网产业融合发展，为“互联网+”再添亮点，推动渝中互联网产业加速迸发新活力。U 创空间・重庆文创互联网楼宇产业园就是代表之一。截至 2018 年年底，U 创空间已入驻近 30 家企业，园区不但有比较完善的扶持创新创业政策体系，而且形成了“众创空间+孵化器+加速器+园区”的全链条服务体系。上清寺互联网产业园集聚区于 2018 年新增企业 300 家以上。2019 年，区电创园管委会着力招大引强，全方位、宽领域、多渠道纵深推进招商工作。

第三节　贵州

一、通信业务发展迅速创历史新高

据贵州省通信管理局统计，2018 年上半年，贵州全省信息通信业增速快，全省提速降费效果显著，全省完成电信业务收入 162.8 亿元，同比增长 15%，增速在全国排名第一；光纤接入用户规模达到 578 万户，同比增长 39.7%；光纤接入用户在固定互联网宽带用户中的占比达 89.2%，比全国数据高 2.4 个百分点，在全国和西部地区排名分别为第 14 位和第 8 位；100MB 及以上高带宽用户

达到 387.65 万户，占全部固定宽带用户数的比重达到 59.8%，比上一年年末提高了 31 个百分点；平均接入速率达到 82.4Mbit/s，比全国平均水平高 3.5Mbit/s。

据贵州省通信管理局统计，2018 年上半年，全省互联网用户总数达到 3790.04 万户，其中，移动互联网用户达到 3142.32 万户，在互联网用户总数中占比达到 82.9%；全省移动互联网接入流量达到 93003.99 万 Gbit/s，同比增长 219.2%。2018 年 6 月，移动互联网当月户均流量达到 6.5Gbit/s，比上一年同期增长 171.6%，在全国和西部地区均排名第二，比全国平均水平多 2.2Gbit。2018 年上半年，贵州的手机上网流量达到 92367.29 万 GB，同比增长 234.9%，占移动互联网接入流量比重达 99.3%，手机上网仍是主流上网模式。

二、融资规模较小且领域分散

2017 年，贵州的互联网领域共进行了 10 起融资活动，融资金额超过 15 亿元（见表 15-2）。其中，货车帮获得两次合计为 2.12 亿美元的 B+轮融资，游戏行业的淘手游获得了 1 亿元的 B 轮融资，CC 英语和喜悦秘境也获得了金额不详的 A 轮融资和战略投资。贵州当地互联网融资活动较少，融资领域较为分散，没有形成规模的互联网产业集群。

表 15-2　2017 年贵州省互联网领域 10 起融资活动

对　象	轮　次	金　额	领　域
淘手游	B 轮	1 亿元	游戏
CC 英语	A 轮	未透露	教育
徽源科技	天使轮	数百万元	企业服务
学程无忧	种子轮	40 万元	教育
货车帮	B+轮	1.56 亿美元	物流
喜悦秘境	战略投资	未透露	旅游
货车帮	B+轮	5600 万美元	物流
学程无忧	天使轮	300 万元	教育
高登世德	A 轮	未透露	企业服务
企易云商	天使轮	数百万元	企业服务

数据来源：工业和信息化部，2018 年。

三、网络零售增速较快，带动贫困人口增收

据贵州省商务厅数据，2017 年贵州全省社会消费品零售总额为 2225.2 亿元，

同比增长 12.5%；网络零售交易额为 878 亿元；货物贸易总额为 81.3 亿美元，同比增长 42.6%，预计增速位居中国第五，其中，进口增速位居中国第一。目前，贵州已初步建立境外综合信息服务平台，在瑞士、柬埔寨、印度、马来西亚、意大利、吉尔吉斯斯坦各新设一家商务代表处。作为中国脱贫攻坚的主战场，贵州积极对接 8 个对口帮扶城市，争取帮扶城市成为贵州绿色产品的主要市场，省内外市场达成农产品销售订单 9548 份，金额为 152.84 亿元，带动了 31.13 万贫困人口增收。

在网络零售方面，阿里巴巴发布的《2017 中国数字经济发展报告》显示，贵州在中国各同级别地区（不含港澳台地区）中电子商务销售增速排名第二，贵州通过阿里巴巴平台卖出的商品金额，比 2016 年同比增长 76%，位列中国第二；2017 年前 11 个月，中国物流时效同比提升最快的 10 个省份中，贵州排名首位。据商务厅信息，2018 年贵州全省商务工作的目标是：社会消费品零售总额增长 12%，网络零售额达到 170.3 亿元，货物贸易总额达到 97.6 亿美元，实际利用外资总额达到 44.7 亿美元。

企 业 篇

第十六章

阿里巴巴

第一节　总体发展情况

根据阿里巴巴发布的 2018 财年的业绩报告[①]，截至 2018 年 3 月 31 日，阿里巴巴集团 2018 财年收入为 2502.66 亿元，同比增长 58%，创下 IPO 以来最高增速。阿里巴巴收入增长主要受到国内外零售业务、阿里云业务、新收购业务等因素驱动。

一、营收情况

在电商业务方面，阿里巴巴集团核心电商业务收入为 2140.20 亿元，同比增长 60%，创下 IPO 以来年度最高增幅。核心电商收入增长了 60%，利润增长超过 40%，年度自由现金流总计达 158 亿美元。阿里巴巴中国零售市场记录成交总额为 4.82 万亿元，同比增长 28%；淘宝上进行的交易在 2018 财年为 2.689 万亿元，比 2017 财年增长了 22%；在天猫进行的交易额为 2.131 万亿元，比 2017 财年增长了 36%。在云计算业务方面，全年收入为 133.90 亿元，同比增长 101%；数字媒体和娱乐收入为 195.64 亿元，增长了 33%；创新举措和其他方面收入为 32.92 亿元，增长了 10%。在国际零售业务方面，受旗下投资的东南亚电商平台 Lazada 和全球零售市场平台 AliExpress 强劲增长的带动，阿里巴巴国际商业零售业务收入同比增长 94%。此外，阿里巴巴中国零售平台的年度活跃

① 注：阿里巴巴财年与自然年不同步，从每年的 4 月 1 日开始至第 2 年的 3 月 31 日结束。

消费者达到5.52亿个，截至2017年，其收入增长了3700万元，季度内新增年度活跃消费者数创下上市以来最高值。

此后，在全球经济不确定性加剧的背景下，阿里巴巴每季度收入增速保持在50%以上。2018年11月，阿里巴巴集团发布的2019财年第二季度财报显示，2018年7—9月，阿里巴巴集团当季总收入为851.48亿元，同比增长54%。其中，核心电商收入为724.75亿元，同比增长56%；云计算收入为56.67亿元，同比增长90%；本季度蚂蚁金服的国内年度活跃用户超过7亿个，其中70%的用户使用3项及以上蚂蚁金服的服务。

二、业务发展情况

电商和新零售业务是阿里巴巴的核心业务，从营收的组成来看，“核心电商”业务依旧占据了大部分（占比为84.8%），是阿里巴巴的“顶梁柱”。淘宝部分，在手机淘宝改版、持续技术创新和内容战略升级的驱动下，淘宝进入了高速增长新阶段，截至2018年9月30日，淘宝年度活跃消费者净增2500万人，至6.01亿人，达到中国人口总数的45%；连续5个季度以来，年度活跃消费者均保持2000万人以上的增长；天猫部分业务与盒马鲜生、银泰等新零售生态业务协同效应明显，增长强劲，基于天猫新零售方案，星巴克和饿了么、盒马、淘宝等阿里生态系统的多个数字化消费者运营平台展开了一系列合作，为消费者提供了线上、线下丰富的服务和体验；新零售部分，阿里巴巴通过参股高鑫零售和居然之家、收购饿了么，拓展了多元化商业场景及其所形成的数据资产，并使新零售与云计算业务结合，共同形成独特的“阿里巴巴商业操作系统”。

云计算是阿里巴巴的“明星业务”，是技术层面参与国际竞争的重要抓手。阿里云在2018年保持强劲增长，于财年上半年营收首次突破100亿元，意味着在亚洲市场第一的领先优势在继续扩大。阿里云的快速增长动力来自高附加值产品、服务的收入组合及付费客户的强劲增长。2018年，阿里云推出了600多种新产品和功能，涉及专有云产品开发、大数据分析和人工智能应用创新、安全及IoT物联网服务的提高等。比如，发布ET工业大脑开放平台、全链路生态服务的LoRa物联网、企业级区块链BaaS服务，以及全面升级的飞天2.0云计算操作系统等。此外，阿里云还与SAP、VMware、西门子等全球知名科技企业展开合作。在全球布局上，阿里云在全球19个地区运营了52个可用区，成功覆盖美国、英国、德国、日本、中国这全球前五大云计算市场。

蚂蚁金服是阿里巴巴在金融科技领域培育出的“超级独角兽”。财报显示，随着拼团小程序等应用的推出，蚂蚁金服进一步突破支付等应用场景的想象边界。截至2018年第三季度，支付宝国内年度活跃用户超过7亿人，其中70%的用户使用3项及以上蚂蚁金服的服务。

此外，阿里巴巴重视人才持续投入和基础设施建设。达摩院在2018年已经初具规模，有20项研究取得世界第一；“五新战略”在新时代背景下也有了新的内涵。

第二节　重点发展战略

在新零售方面，阿里巴巴重视从战略层面捕捉未来的消费模式，通过培育新概念、新技术及战略联盟，塑造消费者的行为，并为线上、线下市场的整合提供有效数据。“新零售”是以互联网为依托，通过运用大数据、云计算、物联网、人工智能等技术手段，基于“线上+线下+物流”数据打通，其核心是以消费者为中心的会员、支付、库存、服务等数据的全面共享，从而实现线上、线下深层次融合，对商品的生产、流通、展示、销售、售后等全过程进行升级，进而重塑业态结构与生态圈，因此也被称为“第四次零售业革命”。2018年，阿里巴巴在实体店技术、数字化库存和供应链系统寻求突破，提高消费者洞察力和移动支付能力，推动新零售落地生根。

在电商平台方面，2018年，天猫平台在新零售、消费升级、品牌运营和国际化等方面发挥了重要引领作用，是阿里巴巴实现高质量增长的驱动力。天猫基于品牌和商户价值打造分销平台，并运用大数据这个工具提高消费者洞察力，扩大服务体验上的优势，拉动了快速消费品和电子产品需求，提升跨境贸易水平。在供应链物流方面，天猫打通了全渠道、数字营销、数字供应链管理能力，充分发挥品牌效应和跨境电商优势。

在投资和国际业务方面，2018年，阿里巴巴践行“新零售、新金融、新制造、新技术和新能源”的“五新”战略，投资重点围绕新零售、人工智能、企业为服务展开，发展了新零售、菜鸟、Lazada和饿了么等新版块，实现对现有业务补充完善或者战略卡位。总体而言，阿里巴巴的投资战略偏中后期，早期介入较少。预计阿里巴巴的投资战略未来将更偏向高新技术、大数据分析、人工智能、老牌实体零售、热门社交媒体、平台等行业的龙头或创新者。

第三节　重点领域发展情况

在新零售业务方面，阿里巴巴的板块布局包括两个部分。一部分是线上网络零售板块，包括淘宝网、天猫、聚划算、农村淘宝、淘宝全球购、天猫国际、一淘网、零售通、易果生鲜、闲鱼、阿卡 Artka、茵曼、妈妈值得买、丽人丽妆、如涵电商、Grana 魅力惠。另一部分是线上、线下融合的新零售板块，包括银泰商业、苏宁云商、联华超市、三江购物、盒马鲜生、淘咖啡、猫茂、天猫小店、闪电购、超集共享推车、ONMINE 零食馆、高鑫零售、新华都、饿了么等。此外，阿里巴巴成立了“新零售八路纵队”，分别聚焦一个消费者生活场景，一是在天猫及线下一体化运营的品牌升级主阵地，二是与银泰、百联打造的新购物体验和购物零售业态的百货大军，三是与苏宁合作的从城市到农村的数码电器大军，四是以盒马和大润发为代表的包括与天猫超市结合在一起的食品快消领域大军，五是用技术、数据和整个经济体资源驱动的消费者独特体验的口碑大军，六是能够打通城市和农村双向供应链和消费链路的农村淘宝，七是让所有的小店变成用互联网技术来赋能的智慧小店，八是以居然之家为代表的家居生活类场景。

在 B2B 业务方面，1688 平台的国内 B2B 业务发展已进入新的阶段，平台收费会员的平均收入上升。2018 年以来，1688 平台逐步实现从交易平台向营销平台的升级，通过打通数据、营销、广告、交易支付等体系，满足企业线下交易线上化，线下营销线上化的需求，推动互联网与制造业深度融合。在出口跨境电商方面，阿里国际零售业务增速较快，随着速卖通的持续发力，国内传统外贸企业线上化发展意愿强烈，助推了平台规模的增长，跨境电商在传统外贸转型升级中扮演着重要的角色。此外，阿里巴巴通过速卖通、Lazada 加速布局国际零售版块。

在云计算方面，阿里云通过把数据汇聚在一起，将计算能力和机器智能能力充分释放出来。2018 年以来，阿里云推出了 316 款新产品，其中，60 多个集中在人工智能、大数据和安全管理方面，并推出 LinkEdge 等专有的边缘计算软件，使物联网在制造业、房地产、机场和火车站等公众场合的设施开发成为可能。阿里云计算已经不仅局限于阿里巴巴内部大数据的处理，还更注重帮助其他企业熟练掌握并运用大数据这个工具，推动行业企业进行互联网创新和产品创新，推动企业发展从销售端和营销端驱动向商品端、供应链端、仓储物流的全方位驱动转型，实现互联网架构能力和阿里云计算的数据平台相结合。目前，阿里巴巴云计算占中国基础设施即服务市场份额的近 50%。

在数字媒体和娱乐方面，2018 年，阿里巴巴更重视对技术、人才和娱乐内容的投入，娱乐消费已成为集团的核心业务之一。阿里巴巴利用其 5.52 亿名客户基础，对年度活跃的消费者进行大数据分析，了解他们的兴趣和偏好，从而对娱乐化消费产生良好的定位来执行战略，发展数字媒体和娱乐业务。目前，优酷原创内容的市场号召力已逐步提升，平均订阅用户比上年增加 160%以上。阿里影业通过整合商家、明星、经纪公司、播控平台的线上、线下资源，精准对接市场需求，满足了人们对个性化、非标准化的数字媒体产品和服务的需求。

第十七章

腾讯

2018 年是腾讯的 20 岁生日，腾讯也在这一年迎来了成长的烦恼，股价“跌跌不休”，营收和盈利放缓。腾讯积极应对这些问题，开启转型之路。

第一节　总体发展情况

根据腾讯财报，2018 年第三季度，腾讯总收入为 805.95 亿元，比 2017 年同期增长 24%，增速创 13 个季度以来新低。公司权益持有人应占盈利 233.33 亿元人民币，比 2017 年同期增长 30%。非通用会计准则本权益持有人应占盈利 197.1 亿元人民币，同比增长 15%。

财报显示，QQ 月活跃用户为 8.026 亿个，同比减少 4.8%，微信及 WeChat 月活跃账户达 10.825 亿个，同比增长 10.5%。

受益于新游戏火爆的贡献，智能手机游戏收入（包括归属于社交网络业务的智能手机游戏收入）同比增长 7%，环比增长 11%至 195 亿元。个人计算机客户端游戏的收入同比下降 15%、环比下降 4%至 124 亿元。收入同比下降的原因，主要是用户逐渐向手机游戏迁移，以及去年同一季度的基数较高所致。

网络广告业务于 2018 年第三季度的收入同比增长 47%至 162.47 亿元；社交及其他广告收入增长 61%至 111.57 亿元，主要反映了广告资源的增加（如微信朋友圈）、新的广告形式（如小程序），以及移动广告联盟及 QQ 看点的收入增长；媒体广告收入增长 23%至 50.90 亿元，主要受益于电视剧及自制综艺节目的成功而带动的腾讯视频广告收入的增加；收费增值服务注册账户同比增长 23%至 1.54 亿个，视频订购用户达 8200 万个，同比增长 79%、环比增长 10%。腾讯云服务于 2018 年前三季度收入逾 60 亿元。

第二节　重点发展战略

一、加大投资力度，加快拓展生态

腾讯近 5 年的投资数量呈现上升趋势，2017 年腾讯的投资活跃度明显上升，2018 年更是创下历年新高。腾讯于 2018 年的投资事件数量达到 163 起（比 2017 年多 20 起），投资活跃度依然领跑于一线投资机构。腾讯正围绕整个生态，构筑起越来越庞大的投资帝国。在2018年前三个季度财报中，腾讯公布的投资收益累计超过 150 亿元，其中最大的收益来自美团点评的上市，其他收益来自虎牙直播、拼多多、趣头条、同程艺龙等公司。从领域看，腾讯重点布局以下几方面。一是历年来重点布局的文化娱乐，2018 年共投资 56 次，细分领域包括短视频、动漫、直播、音频等；二是企业服务领域，其已连续稳居投资数量第二位，显示出腾讯拥抱 toB 的决心；三是基于微信生态投资布局社交电商、教育领域。前者包括社交电商平台拼多多、生活方式分享社区电商平台小红书、移动零售服务商有赞、生鲜电商平台每日优鲜、男装服饰品牌海澜之家、快消 B2B 平台惠下单、酒水 B2B 电子商务平台易酒批等；后者包括幼儿英语启蒙品牌宝宝玩英语、基于微信端的英语阅读产品薄荷阅读、中小学数学在线学习平台洋葱数学、K12 在线教育机构猿辅导等。

二、以组织架构升级促战略调整

2018年9月30日，腾讯官方宣布将原有的七大事业群调整为六大事业群，主要变化是原有的社交网络事业群（SNG）、移动互联网事业群（MIG）和内容事业群（OMG）合并重组，成为云与智慧产业事业群、平台与内容事业群，其目的是全面推动云业务和内容平台发展。腾讯云以公有云为主，基于 QQ、微信、腾讯游戏等优势业务发展，并不断锤炼能力发展而来，但腾讯云的营收相比阿里云还较少，需要重点发力。2018 年，以抖音为代表的短视频 App 成为市场主流，腾讯也推出了微视、Yoo 视频、下饭视频、闪咖、腾讯云小视频等产品，但在短视频领域仍然落后于抖音等。腾讯能否发挥流量优势、后来居上，仍需要拭目以待。

三、不断完善行业数字化解决方案

腾讯在教育、交通、政务、医疗、金融等行业陆续推出解决方案并落地，帮助传统行业数字化转型。在政务领域，2018 年，腾讯与江苏省人民政府签订了“互联网+”战略合作协议，涵盖公安、医保、社保、交通、生活缴费等众多与民生息息相关的领域，以 30 个具体项目展开全面合作；与广东合作推出“粤省事”民生服务小程序，截至 2018 年 10 月底，提供服务事项达 465 项，服务累计查询、办理业务量 4511.4 万次。在教育领域，基于支付、人工智能、大数据、音视频等基础能力，腾讯云推出了微校、教育 AI、智慧校园、教研云等落地服务，已为清华大学、上海交通大学等上百所校园接入智慧校园体系，助力校园信息化、数字化升级。在文旅方面，腾讯推出“一机游云南”，通过腾讯云的智慧旅游大数据中心，实时获取景区票务、人流量、住宿等核心数据，在游客服务平台、政府数字化管理平台、旅游企业平台上，提供购票、预订酒店、查询交通状况、分析人流量、投诉举报等各类服务。在医疗领域，腾讯云携手医疗 IT 行业方案商——东华医为推出了“一链三云”（健康链、卫生云、医疗云、健康云）战略，连接卫健委、医保局的卫生云，各级医疗机构的医疗云，患者、医生等的健康云，帮助监管方、医生方和患者方搭建起数据沟通和交流的桥梁，提高诊疗效率和协同水平，帮助患者制定更合理的治疗方案。

第十八章

百度

2018 年是百度人工智能商业化落地的关键一年，百度全年营收状况良好，云计算、人工智能等产生的新营收点开始发力，业务结构不断优化，交出了满意的答卷。同时，一轮由百家号引发的“搜索引擎百度已死”的争议，再次将百度推向风口浪尖。商业化和价值观的关系这一关键问题，需要百度在未来进行回答。

第一节　总体发展情况

据百度财报，2018 年，百度总营收为 1023 亿元，净利润为 276 亿元，同比增长 51%。按照非美国通用会计准则，百度该年净利润为 233 亿元，同比增长 35%。百度核心业务（搜索服务与交易服务的组合）总营收为 783 亿元，同比增长 22%，不计入公司已经宣布的资产剥离交易的影响，同比增长 26%。来自网络营销的营收为 819 亿元，比 2017 财年增长 19%；2018 年，活跃网络营销客户数量约为 85.6 万家，比 2017 财年增长 10%。百度 2018 财年来自每家网络营销客户的平均营收约为 9.58 万元，比 2017 财年增长 8%。其他营收为 204 亿元(约合 29.6 亿美元)，比上一年同期增长 86%，主要源于爱奇艺会员服务、云服务及其他业务增长。百度 2018 年研发支出为 158 亿元，比 2017 财年增长 22%，主要源于研发员工相关成本增长。

截至 2018 年 12 月，百度 App 日活跃用户增至 1.61 亿个，同比增长 24%；好看视频的日活跃用户从 1 年前的 100 万个增长至 1900 万个，全民小视频在正式发布当季日活跃用户增长至 400 万个。

第二节　重点发展战略

一、推动自动驾驶加快走向落地

2018 年，百度智能驾驶开放平台 Apollo 取得技术与商业化上的阶段性进展，推出了 Apollo 企业版五大整体解决方案，包括小度车载 OS、高速场景自动驾驶方案、小巴自动驾驶、自动泊车、地图数据服务平台，满足各类合作伙伴的不同需求，进而共同快速实现落地。在 2019 年年初的美国拉斯维加斯国际消费类电子产品展览会上，百度发布了智能驾驶商业化解决方案 ApolloEnterprise，并发布 Apollo 3.5 版本，能够实现更多、更复杂的自动驾驶场景应用，支持市中心、住宅场景等城市道路路况。百度与金龙汽车合作推出阿波龙，成为首款量产 L4 级车型，并与一汽、沃尔沃达成战略合作，生产商用 L4 级别的自动驾驶轿车。目前，Apollo 生态合作伙伴已达到 137 家。百度已经获得超过 50 张智能网联汽车道路测试牌照，包括北京、天津、重庆、湖南长沙、河北保定、福建等地的牌照，展开 Apollo 车路协同方案合作，将在国家智能网联汽车(长沙) 测试区及 7.8 千米开放道路落地应用；百度与千方科技联合研发的面向自动驾驶的车路协同设备在延崇高速北段实现部署。

二、加速人工智能商业化布局

百度积极将人工智能拓展到信息流、语音助手等多个业务领域，形成了相关产品和服务。截至 2018 年 12 月，搭载百度智能语音平台 DuerOS 的智能设备激活量超过 2 亿台，环比上涨 45%；语音交互达 16 亿次。DuerOS 开放平台目前拥有约 2.7 万个第三方开发者，能够提供包括网络电台、视频直播等 1000 多种技能支持。百度智能设备小度在家与小度智能音箱在国内多个电商平台均有不错的销量，受到用户喜爱。小度智能音箱 Pro 采用全铝合金材料，配备了 360° 的导音锥，实现了发烧级音质，并推出了儿童模式 2.0，全面提升儿童产品体验，重点关注儿童教育成长。基于百度智能云的人工智能解决方案不断成熟，正在向电信、交通、制造、金融服务等领域渗透。例如，百度云动态人像卡口系统在苏州市公安局实际警务场景中落地，利用生物特征提取技术、视频图像处理、大数据检索处理等技术为公共安防提供支撑。

三、丰富和完善移动产品线

2018 年，百度在原有移动产品的基础上，加大了移动产品布局，形成了移动搜索、Feed、手机百度业务、百度金融、短视频等业务组成的矩阵。百度 App 日活跃用户达到 1.61 亿个，同比增长 24%。百度智能小程序月活跃用户达到 1.47 亿个，环比增长 30%。百家号内容创作者达到 190 多万人，其中，不乏优秀的主流媒体，如人民日报社、中央电视台等，壮大了百家号的创作者人才队伍，扩大百家号的规模。好看 App 和全民 App 的日活跃用户分别达到了 1900 万人和 400 万人，其中，好看 App 同比实现了 1900%增长。在百度、好看和全民三款 App 的拉动下，信息流用户使用时长整体同比增长了 112%。

四、积极拓展百度云业务能力

百度云的技术实力、营收能力在 2018 年得到提升。百度首次公布了云业务营收，其第四季度营收为 11 亿元，同比增长超过 100%。在百度与央视合作的 2019 年春晚红包互动期间，百度云稳定承接了全球观众 208 亿次红包互动。百度云正在向更多领域拓展，面向电信、制造业、金融、交通等越来越多的垂直行业提供人工智能解决方案。百度云还推出了开源计算平台 OpenEdge，帮助开发者打造轻量、安全、可扩展性强的边缘计算应用。

第十九章

京东

第一节　总体发展情况

（1）净利润创历史新高。

据京东集团公布的 2018 财年第三季度财报显示，第三季度净收入为 1048 亿元（约 153 亿美元），同比增长 25.1%；净服务收入为 109 亿元（约 16 亿美元），同比增长 49.4%；京东商城的经营利润率为 2.2%，2017 年同期为 2.3%；归属于普通股股东的持续经营业务净利润为 30 亿元，2017 年同期为 10 亿元；归属于普通股股东的持续经营业务净利润为 12 亿元，2017 年同期为 22 亿元。京东 2018 财年第四季度净营收为 1348 亿元，调整后净利润为 7.5 亿元。京东全年成交总额（GMV）近 1.7 万亿元，同比增长 30%。

（2）零售业务创历史新高。

2018 年，以京东商城为核心的零售业务继续保持了稳健的发展。家电、数码、日用百货等品类牢牢保持着领先的市场地位，生活家居、新通路、生鲜、大客户等业务持续高速增长，时尚生活、美妆、海囤全球及印度尼西亚、泰国业务不断取得创新突破。京东“6・18”全球年中购物节和京东“11・11”全球好物节，累计下单金额接近 3200 亿元，突破历史最高纪录。京东 2018 财年第四季度财报显示，截至 2018 年 12 月 31 日，京东第三方平台签约商家数量超过 21 万个，共有超过 17.8 万名正式员工。另外，截至 2018 年年底，京东拼购商家总数已达到 13.5 万家，覆盖所有零售品类。

（3）技术研发投入超百亿元。

2018 年，京东集团持续向技术转型，积极围绕科技前沿领域进行研发投入。前三季度研发投入高达 86.4 亿元，同比增速达 88%，2018 年全年研发投入或超百亿元。京东大力引入全球顶尖的科学家，不断夯实核心技术研发和应用创新能力，在智能供应链、云、智能物流、IoT 等领域实现软、硬件技术的深度融合，形成独特的“软硬结合”的互联网技术体系。目前，京东专利申请量已超过 3000 件，其在仓储物流领域的专利申请以每年 100%～150%的速度增长。同时，NeuHub、智臻链、京鱼座等京东技术开放平台迅速成长，在满足自身应用的同时，积极有效地帮助合作伙伴实现数字化转型升级。

（4）共建全球智能供应链基础网络（GSSC）。

2018 年 10 月，在全球智能物流峰会上，京东物流 CEO 王振辉宣布与社会各界共建全球智能供应链基础网络（GSSC），在全球范围内进行采购、生产、设计、物流等全链条优化，依靠技术和模式创新提升供应链效率，降低供应链成本。同时，发布了涵盖京东供应链、京东快速、京东冷链、京东快运、京东跨境、京东云仓在内的六大产品体系，针对不同消费需求、消费场景，提供全方位、一体化的物流解决方案。

第二节　重点发展战略

一、升级商业模式：继续布局“无界零售”战略，全面打造零售新生态

在零售行业的消费者、场景、供应链和营销变得极为分散多变的现实情况下，2017 年京东正式提出并确立了“无界零售”战略宏图，旨在跨越时间、空间、线上及线下的限制，打破生产商、品牌商、平台商之间的壁垒。2018 年继续推进新零售布局，京东 7FRESH 筹备社区生鲜项目，拟定名为“四季优选”，定位为线上、线下的一体化社区店型，覆盖客群范围为 500m，未来将与 7FRESH 构成“大店+卫星仓”格式，形成优势互补，发挥联动效果。

2018 年 10 月，京东集团与郑州思念食物有限公司正式签署战略协作协议，共同推进无界零售及冷链物流。双方将各自发挥在专业速冻食物生产和零售基础设施上的优势，围绕线上商城、线下业态、冷链物流等方面开展战略协作，共同推动零售形式立异，并在线上引流、联合营销、精准营销方面展开深入协作。

二、变革供应链体系：与全球合作伙伴共建全球智能供应链基础网络（GSSC）

为推动零售行业供应链从速度到质量的转变，京东物流集团于 2018 年 10 月

提出与全球合作伙伴携手共建全球智能供应链基础网络（GSSC）的愿景。京东物流积极携手铁路、航空、海运、仓储、配送等合作伙伴共同推进全球智能供应链基础网络的建设，致力于推动全球供应链的智能化发展，促进社会商业形态的转型升级。同时，打造针对不同产品的仓配、快递、快运、分钟级的即时物流等服务，实现消费场景的全景覆盖，缩短全球商品的“距离”。目前，京东已逐步在印度尼西亚、泰国、马来西亚、美国落地引领全球的时效的服务模式，在曼谷开通“211 限时达”服务活动，消费者可享受“上午下单，下午送达”的时效服务。

三、金融品牌升级：从金融公司升级为科技公司

2018 年，京东金融完成品牌升级，京东数字科技成为其母品牌，京东金融被收作京东数字科技旗下子品牌，组织结构的变更意味着京东未来航向的调整。转型后，截至 2018 年 12 月 31 日，京东科技的服务收入较 2017 年提升了 3 倍，且科技服务模式在未来呈现较高的增长性。2018 年 10 月，毕马威（KPMG）于澳大利亚悉尼发布《2018 全球金融科技百强榜》，京东金融位居第二。得益于数据方面的海量和快速积累、技术和模式的不断创新，以及用户运行方面的丰富经验，京东金融实现了爆发式增长。

四、培养品牌忠诚度：深度挖掘用户需求，创意营销驱动造节模式愈加成熟

2018 年 2 月，以“好玩创想国度”为主题的第一届京东好玩节正式亮相，精准定位“90 后”“95 后”的后社交痛点和核心诉求，集合微信购物的拼购、购物圈、社交魔方三大重点产品，组成“三位一体”互融升级。实现超 5 亿人次参与，全网综合曝光量 585 万余次，转载率达 166%，分享率最高达 18.82%，为行业均值的近 5 倍。2018 年 10 月，第二届京东好玩节针对白领一族生活压力过大的核心痛点，联合京东拼购打造了一场线上、线下全网整合连环事件营销。相比于第一届的大而全模式，第二届聚焦拼购社交电商模式，带动了拼购品牌的用户认知和订单拉动。实现全网曝光近 6 亿次，微博悬念视频全网参与互动近 3000 万人。

第二十章

网易

第一节　总体发展情况

网易在 2018 年的整体表现良好，网易游戏表现出强大的承压能力，在经历了漫长的游戏版号停止审核的过程中，成为遭受游戏行业政策影响最小的游戏巨头公司之一。网易游戏作为网易两大核心业务之一，在行业寒冬中交出这种营收成绩实属难得，但从营收、利润来看，网易营收增长的天花板也已较为明显，广告、邮箱等其他业务增长已基本处于停滞状态。

第二节　重点发展战略

一、网易游戏稳步发展

2018 年，网易财报最大的亮点应该就是游戏营收，网易在游戏领域仍然占据举足轻重的地位。在整个 2018 年都遭遇游戏版号限制的情况下，网易却达到了股东和机构的盈利预期，难能可贵。

这说明网易在游戏领域仍然占据举足轻重的地位。网易游戏之所以可以保持高增长，源于其自身雄厚的研发实力，依托该优势，尽管在 2018 年新推出的游戏并不多，但网易也仍然可以在 2018 年稳住收入。自研手游如《明日之后》和《神都夜行录》为网易的增长做出了贡献。

苹果商店畅销榜的统计数据显示，目前排名前十的畅销游戏中有五款来自网易。网易游戏增长的动力就是在国内市场稳住地位。同时，网易在海外市场收获颇丰。网易游戏于 2017 年开始特别重视国际化布局，并在国际和中国港澳台地区同步上线了多款游戏。例如，《明日之后》在中国港澳台地区上线，《非人学园》在日韩上线等。从网易财报中可以看出，在国内游戏版号暂停发放的期间，网易游戏依靠海外市场拉动了不少的营收增长。尽管网易可以稳住游戏业务的平稳增长，但目前来看，游戏已很难帮助网易的营收和股价再出现大幅度提升。

二、广告服务与邮箱业务趋于稳定

根据网易 2018 年第四季度财报数据，其广告服务业务营收为 7.6 亿元，同比增长了 3.3%；邮箱及其他业务营收被更名为创新业务及其他，创下了 13.9 亿元的营收，同比增长了 14.2%。广告服务与创新业务及其他的占比仅为 3.8%与 7.0%，由此可以看出，二者在网易财报上的影响力已下滑。

尽管网易在广告的模式创新方面一直走在前沿，但相对于其他互联网巨头来讲，其用户规模优势不够明显。信息流、短视频的快速崛起，使得今日头条、抖音等日渐成为企业广告投入的最优先选择平台，其抢夺了一部分互联网企业的广告。相对于其他业务，可以看出，网易在吸引广告主方面的优势不够突出，这也会影响到其广告营收收入。

根据网易以往财报，尽管网易邮箱的用户数据一直增长，但近年来随着整个邮箱行业的不断变化，邮箱逐渐成为上班一族用得不够频繁的工具，加之很多企业都使用企业邮箱，以及腾讯的企业邮箱对网易企业邮箱市场份额的抢夺非常之大。当前，由于钉钉、企业微信的大力推广，以前用邮箱处理的很多工作都可以使用企业社交工具来处理了。

三、网易云音乐持续商业化进程

网易云音乐作为一款音乐软件是很成功的，也已经成为网易的一款标志性产品，有质感、有格调为其代名词，经过近年的市场教育，国内对于音乐版权的日渐重视，很多用户已树立起听音乐付费的观念。据 QuestMobile 数据显示，愿为音乐内容付费的用户占比近 60%，这将有利于音乐行业的健康发展。

同样，这对于网易云音乐也确实是利好消息，但是相对于腾讯音乐的版图来讲，网易云音乐的力量仍显薄弱。2017 年 7 月，QuestMobile 发布的数据显示，腾讯音乐旗下酷狗音乐、QQ 音乐、酷我音乐的活跃用户数量分别为 3.5 亿个、2.9 亿个、1.3 亿个，而网易云音乐的活跃人数仅仅有 1.2 亿个。因此，网易云音乐能守住其市场份额本不容易。与此同时，随着腾讯云音乐的上市，其在全球音乐市场的优势更加显著，网易云音乐想要获得更多版权，必将投入更多成本。因此，网易云音乐对于网易来说是一个好产品，但不是一个能为网易赚更多钱的产品。

四、电商业务为发展新亮点

根据网易财报，2018 年第四季度网易电商收入为 66.79 亿元，同比增长 43.5%。在整体环境下滑的情况下，网易电商保持这个增速还是不错的，因为同期的阿里巴巴核心商业同比增速才 40%。就目前的形式来说，电商业务要想获得逆势大增长还面临着很大的压力。其一，自有流量城池为电商导流不易，网易电商深陷流量困境。尽管网易旗下产品众多，有网易邮箱、网易新闻等，但真正能够为电商引流吸引用户购买消费的并不大。其二，网易电商虽说能策划出爆款产品，但产品影响力难以撼动传统企业。进入互联网的下半场，网易不仅面对的竞争对手在变强，更重要的是业务发展压力也在加大。对于网易来说，要想重回历史巅峰、继续保持高股价，也许电商业务才是最有机会使之实现的。

第二十一章

字节跳动

字节跳动由今日头条发展而来。2018 年 4 月，今日头条通过内部信确认了字节跳动和 Bytedance 品牌；11 月，今日头条 CEO 陈林首次亮相。如今，字节跳动集团化发展策略更加清晰。目前，字节跳动集团旗下的核心产品有两个——今日头条和抖音，懂车帝、皮皮虾、西瓜、火山、多闪等产品则属于外围产品。

第一节　总体发展情况

截至 2018 年 7 月中旬，字节跳动旗下全线产品国内总日活跃用户数量超过 4 亿个，总月活跃用户数量超过 8 亿个；每天有 2000 万个视频上传，日播放量超过 100 亿次。同年 8 月，抖音日活跃用户数量突破 2 亿人，成为中国热门 App 之一。QuestMobile 报告显示，2018 年秋季，就用户时长而言，第一梯队的腾讯占据中国用户上网总时长超过 47.3%，阿里巴巴为 10.4%，字节跳动达到 9.7%。字节跳动时长增长关键贡献者是以抖音为代表的短视频军团。数据显示，2018 年短视频和即时通信两个细分行业的时长增长贡献了移动互联网用户使用整体时长增量的一半以上。2018 年 12 月，短视频 App 排名前五位中，跳动系产品有三个。仅 2018 年上半年，今日头条系独立 App 用户使用时长占比从 3.9%猛增到 10.1%，超过百度系、阿里系。

同时，字节跳动注重海外市场，从 2018 年 9 月开始，抖音海外版——TikTok 连续占据美国 App Store 下载榜的前几位；10 月，TikTok 还多日力压脸书、YouTube、Snapchat，占据榜首的位置。究其原因，是从 2018 年第一季度起的很长一段时间内，被今日头条收购的 Musical.ly 和 TikTok 就是脸书最大的广告主。

除了App发展势头良好，字节跳动估值水涨船高。2018年10月，36氪报道字节跳动已完成Pre-IPO融资，投前估值达到750亿美元，而在5月媒体报道的版本中，字节跳动寻求的新一轮融资投前估值仅为350亿美元。这笔投资使得字节跳动成为仅次于蚂蚁金服、Uber的全球第三大独角兽企业。

第二节　重点发展战略

一、多元化经营不断拓展国内业务版图

作为兼顾资讯分发和短视频的互联网新贵，字节跳动在规模日渐扩大的同时，需要新的利润增长点和流量变现方式来支撑它的高速成长。

企业在产业链上的拓展延伸到在线教育、游戏和金融。2018年，字节跳动推出在线教育产品gogokid，对标在线教育龙头VIPKID，在课程教学中融入了大数据和人工智能等技术元素，用于智能匹配学生能力与教学模式；2018年6月14日，今日头条的安卓App上线了“今日游戏”模块，该模块提供手机游戏的下载链接并为游戏研发商的宣传提供广告位，涉足游戏分发运营。此外，西瓜视频团队开始孵化游戏直播产品，自2018年5月开始签约手游和端游的游戏主播，准备与斗鱼、虎牙展开正面竞争；2018年7月，今日头条App在“我的钱包”入口上线了在线借贷产品“放心借”，正式进军个人消费贷业务。“放心借”通过智能算法为用户推荐高额低息的正规持牌金融机构，用户最高可获得20万元的贷款额度，日利率最低为0.03%。

二、全球化布局“资讯分发+短视频”产品

在流量、广告收入逐渐见顶的背景下，提升单位流量价值以争夺存量流量成为字节跳动最主要的目标。一方面，字节跳动在国内致力将抖音和今日头条App等流量入口导入教育、金融和游戏等业务；另一方面，进入海外市场挖掘新用户成为公司必然的选择。2016年，字节跳动将全球化布局上升到公司核心战略，目标是在2020年之前实现海外用户比例提升至50%以上。

字节跳动的全球化策略是以算法技术输出为核心，复制国内产品线和收购投资双线并行。从2015年8月开始，先后由公司自行孵化了TopBuzz、Hypstar、Tik Tok及TopBuzz Video，直接对应今日头条App、火山小视频及抖音，将成熟的经营和技术输出到海外市场；并于2017年2—11月接连出手收购Flipagram、Musical.ly和News Republic，这些产品同样以新闻分发和短视频为主线，直接为字节跳动提供了海外流量。

以 Musical.ly 为例，其 2017 年 11 月的全球月活跃用户数量超过 7000 万个，日活跃用户数量超过 2000 万个，其中北美日活跃用户数量超过 600 万个。2018 年 7 月，抖音正式对外宣布全球月活跃用户数量超过 5 亿个，同时 Tik Tok 的 MAU（月活跃用户数量）也已经破亿个。为了克服公司出海“水土不服”的问题，字节跳动需要一个强大的人工智能团队针对算法输出提供支持。2016 年，字节跳动 AI Lab 应运而生，为平台输出海量内容提供人工智能技术支持。例如，对所有收购标的引入的算法推荐系统，成功提升了海外标的内容分发和流量变现的能力。

三、多元化探索流量变现

今日头条 App 的商业模式为通过出售广告位来获取利润，即基于用户肖像的精准互联网广告营销。其中，信息流广告是今日头条 App 广告中关注度最高、设计最多样、与自身优势最为契合的广告投放形式。个性化推荐和智能分发是今日头条 App 的核心算法基础，通过成熟的分发技术，根据用户的地域属性、兴趣属性、人口属性精准推送个性化的广告，提升了广告的投放效率。

此外，今日头条 App 的广告谱系中还囊括了详情页广告和开屏广告。信息流广告和详情页广告通过每千人浏览成本（CPM）方式计算广告费用，即根据用户浏览次数收费；开屏广告则是按时长收费（CPT），以时间来计算每天的投放价格。2018 年，今日头条 App 广告收入超过 290 亿元。随着国内流量红利时代的终结，流量获取难度不断增加，且用户使用时长已达 76 分钟，广告收入增速幅度将放缓。

面对流量红利和广告收入逐渐放缓，字节跳动瞄准了中国知识付费产业，希望借助其在内容和流量上积累的巨大优势，进一步提高内容变现能力，2016 年推出的“头条问答”（“悟空问答”的前身）则是字节跳动在内容付费领域做出的第一次尝试。2018 年 6 月，头条号向部分优质创作者发出了创建付费专栏的邀请，通过“功能实验室-专栏”创建付费专栏，再由今日头条 App 进行分发，方便用户在今日头条 App 上进行订阅和购买。付费内容拓展了今日头条 App 的流量变现模式，鼓励创作者持续输出优质内容，满足沉浸式阅读需求。

字节跳动在短视频流量变现上表现得同样出色。除在推荐频道的信息流中设置视频广告位精准投放广告外，关键意见领袖（KOL）营销，即网红达人营销，也是广告营销的重要渠道。例如，papi 酱一人分饰两角，从吐槽讲英文的段子入手，巧妙植入了鸡尾酒饮品“莫吉托”，该视频24小时内就获得了超过 6 万个“赞”。此外，企业品牌还可以借助抖音的号召力发起品牌挑战赛，引导用户发布相关主题的短视频，提升品牌的曝光度，带动产品销量。而在2015 年 8 月，抖音推出了电子商务平台入口，抖音用户可以直接链接到抖音达人的电子商务店铺进行购买和消费。

第二十二章

蚂蚁金服

第一节　总体发展情况

阿里巴巴公布的 2018 财年第四季度及全年财报显示，关于蚂蚁金服有三个核心数据：一是支付宝全球活跃用户数为 8.7 亿个，活跃用户数持续跃升。2018 年，蚂蚁金服理财用户规模比 2017 年增长 110%，定投用户数同比增长 210%。二是蚂蚁金服 2018 财年税前利润为 91.84 亿元（约合 14.64 亿美元），同比增长 65.12%。财报披露，蚂蚁金服 2018 财年向阿里巴巴支付知识产权及技术服务费 34.44 亿元（约合 5.49 亿美元）。在 2017 财年，蚂蚁金服向阿里巴巴支付的知识产权及技术服务费为 20.86 亿元。根据阿里巴巴与蚂蚁金服达成的协议，蚂蚁金服每年需向阿里巴巴支付知识产权及技术服务费，金额相当于蚂蚁金服税前利润的 37.5%。这意味着蚂蚁金服 2017 财年的税前利润为 55.62 亿元，2018 财年的税前利润为 91.84 亿元。三是蚂蚁金服单季度亏损 1.14 亿美元，即 2018 年 1 月 1 日—2018 年 3 月 31 日，蚂蚁金服亏损了 1.14 亿美元，主要是蚂蚁金服采用了很多投入和策略来获取用户及让更多用户参与。这些指向未来的投资，使蚂蚁金服支付给阿里巴巴的特许权使用费和软件技术服务费收窄。

第二节　重点发展战略

一、用技术创新让金融变得更加包容

除去金融机构的身份，蚂蚁金服更是一家以技术立命的互联网公司。它把自己定义为科技金融公司，努力用技术让金融变得更加具有包容性。一是坚持

基于信用的探索实践。蚂蚁金服坚持基于信用创新金融服务，探索建立互信的网络生态。支付宝、蚂蚁小贷、网商银行、芝麻信用等，商业信用场景的丰富，唤醒了普通民众珍惜个人信用的意识，助力社会信用体系建设。二是以数字技术驱动普惠金融服务。蚂蚁金服坚持以数据、技术驱动，探索 DT 时代的数字普惠金融新模式，显著提高了效率、降低了成本，初步解决了服务小微企业和普通消费者遇到的商业不可持续的难题，推动了普惠金融的全球实践。三是坚持在技术和风控方面自主创新。蚂蚁金服自主研发了金融云平台和 OceanBase 数据库，摆脱了对传统外资设备和数据库系统的依赖，实现了核心业务自主可控。新技术架构在并发处理能力、稳定性、可扩展性等方面居于世界领先地位。

二、以入股等方式对当地支付机构进行“本土化”改造

2015 年以来，蚂蚁金服在“一带一路”倡议沿线国家和地区不断落子，支付宝携手当地伙伴成功打造了 9 个本地版的支付宝，包括印度 Paytm、巴基斯坦 Easypaisa、菲律宾 GCash、孟加拉 bKash 等。2017 年 5 月，基于区块链的电子钱包跨境汇款服务在中国香港上线，港版支付宝 AlipayHK 的用户可以通过区块链技术向菲律宾钱包 Gcash 汇款，这也是 BAT 中最先落地的区块链支付应用。目前，在蚂蚁金服的支持下，Paytm 已迅速跃升为全球第四大电子钱包。2019 年 2 月，蚂蚁金服完成收购英国的 WorldFirst，将其纳为集团旗下全资子公司。截至 2019 年 1 月 10 日，支付宝全球用户数量超过 10 亿个，业务覆盖全球 40 个国家和地区，全球金融机构合作伙伴数目已增至 250 余家。

三、大规模融资助力企业战略全面实施

在融资方面，2018 年 5 月，蚂蚁金服完成了 140 亿美元的最新一轮融资，估值达到 1500 亿美元。这是迄今为止全世界最大的单笔私募融资，蚂蚁金服也因此成为全球最大的“超级独角兽”。本轮融资吸引了全球范围内的投资者参与，除原有股东继续跟投外，新加坡政府投资公司、深圳市华平投资管理有限公司、马来西亚国库控股、加拿大养老基金投资公司、淡马锡、浙江银湖投资管理有限公司、泛大西洋资本集团、T. Rowe Price 旗下基金、凯雷投资集团、Janchor Partners 等众多国际顶级投资参投该轮融资。本次融资启动于 2018 年 2 月，创下了全球估值最高的非上市公司的记录。本轮融资的用途主要是四个方面，一是用于支付宝的全球化拓展，二是投入自主科研，三是招募全球顶尖人才，四是培育新兴市场的本地科技人才，助力当地的数字化转型。通过资本助

力，提升支付宝及其合作伙伴向全球消费者和小微企业提供普惠金融服务的能力，让普通民众也能享受数字经济带来的红利。2018 年 6 月，中国太平洋人寿保险股份有限公司（以下简称太平洋寿险）对蚂蚁金服进行股权投资，投资金额约 16 亿元。太平洋寿险将使用保险责任准备金对蚂蚁金服投资，分别涉及传统险账户保险资金近 11.2 亿元、分红险账户保险资金近 4.8 亿元。在投资方面，2018 年蚂蚁金服领投或跟投的资本事件 20 余件，涉及共享经济、旅游、餐饮、教育、前沿科技、电子商务、电子信息等诸多领域。其中，2018 年 4 月，阿里巴巴、蚂蚁金服集团与饿了么联合宣布，阿里巴巴已经签订收购协议，将联合蚂蚁金服以 95 亿美元对饿了么完成全资收购。如图 22-1 所示为蚂蚁金服发展策略。

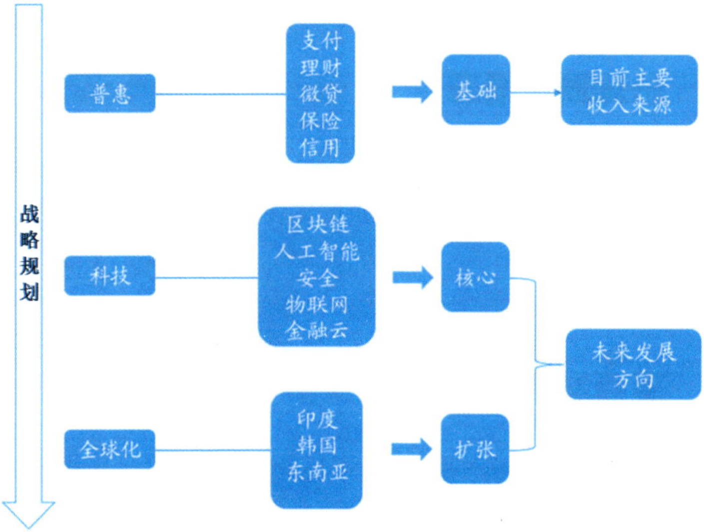

图 22-1　蚂蚁金服发展战略

（资料来源：招商证券，2018 年 7 月）

第二十三章

华为

第一节　总体发展情况

华为是全球领先的信息通信基础设施和智能终端提供商，成立于 1987 年，现有 18 万员工，业务遍及 170 多个国家和地区。根据公司高层预计，华为 2018 年收入约 1090 亿美元，同比增长 21%。华为还是当前全球最大的 5G 供应商。

第二节　重点发展战略

2016 年，华为宣布要成为智能社会的使能者与推动者，其后，大力发展云计算、人工智能等领域。

在云计算方面，华为云于 2017 年提升为一级业务部门。2018 年，华为云的发展战略已经覆盖基础研究、全栈全场景方案、人才和开放生态及内部效率提升。华为云坚持以客户为中心，聚焦信息和通信技术（ICT）基础设施，做创新的云技术提供者；做企业云化、数字化战略的使能者和优选合作伙伴；秉承开放、合作、共赢的原则，做云生态的积极贡献者。为此，华为与金蝶软件签署战略合作协议，与用友云联合发布了营销云、协同云、税务云、U8 cloud 四大通用企业服务。

在人工智能方面，华为宣布其人工智能发展战略包括五个方面。一是投资基础研究，在计算视觉、自然语言处理、决策推理等领域构筑数据高效、能耗高效、安全可信、自动自治的机器学习基础能力。二是打造面向云、边缘和端等全场景的、独立的及协同的全栈解决方案，提供充裕的、经济的算力资源及简单易用、高效率、全流程的人工智能平台。三是投资开放生态和人才培养，面向全球，持续与学术界、产业界和行业伙伴广泛合作，打造人工智能开放生态，培养人工智能人才。四是增强解决方案，把人工智能思维和技术引入现有产品和服务，实现更大价值、更强竞争力。五是内部效率提升，应用人工智能优化内部管理，对准海量作业场景，大幅度提升内部运营效率和质量。华为还一直倡导“普惠 AI”的概念，不断降低通用技术的应用门槛，已宣布将投入10 亿元用于人工智能人才培养，计划三年培养 100 万名开发者。一整套的组合拳背后，生态圈开始渐自成形。为此，在2018华为全联接大会上，华为云发布人工智能全流程开发平台与工具——更快的人工智能开发平台 ModelArts、更懂开发者的视觉人工智能应用开发平台 HiLens、探索未来的量子计算模拟器与编程框架 HiQ，以及发布沃土 AI 开发者使能计划，携手伙伴共建“普惠 AI”。

第三节　重点领域发展情况

在云计算方面，截至 2018 年年底，华为云已上线了 160 多个云服务，以及 HCS、SAP、HPC、游戏等 140 多种解决方案，帮助新华社、新浪、秒拍、深圳交警、雪铁龙集团、哥白尼项目、贝瑞基因、金域医学等行业客户加速数字化进程。华为云的云市场新增上架应用 1500 个，发展合作伙伴超过 6000 家及 9 万名开发者。华为云通过构建统一运维工具平台，快速提升自动化运维能力，运维及安全管理通过了国家网信办安全审查、公安部信息安全等级保护 4 级认证、PCI-DSS 认证、ISO 20000 认证、可信云认证等。华为云已在中国、俄罗斯、南非完成布局，在全球 23 个地理区域、40 个可用区提供云服务。2018 年 2 月，华为云中国香港站开服，向亚太地区提供服务，华为云俄罗斯站开服，是唯一在当地落地的公有云；9 月，华为云泰国站将正式上线提供云服务；华为云成为中国唯一全平台、全节点、全服务通过 PCI-DSS 认证的云服务商；11 月，华为云南非大区开服，成为全球首个在非洲设立本地数据中心并提供服务的公有云服务提供商。

在人工智能方面，华为的全栈全场景人工智能可以归纳为 4 个数字：1、2、4、5。1 指的是“达芬奇项目”，这不仅仅是芯片本身，还涵盖一系列“软硬结合”的解决方案，最终为用户提供全场景的服务；2 指代两款人工智能芯片，芯片是人工智能的血液，框架是人工智能的大脑和灵魂；4 代表华为全栈人工智能的四个部分，即 Ascend（昇腾）AI IP 和芯片、神经网络定制的计算架构、MindSpore 框架、应用使能；5 是指消费终端、公有云、私有云、边缘计算、IoT 行业终端 5 大类场景。具体来看，2018 年，华为发布了深度学习服务和区块链服务BCS；6月，华为云发布EI智能体，通过智慧大脑、智能边缘、无处不在的感知为企业构筑全场景人工智能服务；6—8月，华为云陆续推出深度学习、图像搜索、EI 智能视频等系列服务，推动人工智能在行业应用场景落地；12月，根据斯坦福大学发布的DAWN Benchmark最新成绩显示，在图像识别的总训练时间上，华为云ModelArts排名第一，表明华为云ModelArts实现了更低成本、更快速度、更极致的体验。

第二十四章

谷歌

2018年以来，在全球科技企业洗牌的背景下，谷歌及其母公司Alphabet保持了强劲稳定的增长趋势。截至2018年12月底，谷歌母公司Alphabet总市值为7246亿美元，排名美股市值第三位，较去年下跌一位，市值仅次于微软和亚马逊。

第一节　总体发展情况

谷歌母公司此前公布的2018年第三季度财报显示，Alphabet第三季度总营收为337亿美元，去年同期为277.72亿美元，同比增长21%，比第二季度的326.57亿美元环比增长3.3%；在营业利润方面，财报显示Alphabet第三季度的营业利润为83.1亿美元，高于去年同期的77.82亿美元，但25%的营业利润率低于去年第三季度的28%。在净利润方面，财报显示Alphabet第三季度的净利润为91.92亿美元，去年同期为67.32亿美元，同比增长36.5%，也高于上一季度的82.66亿美元（在美国通用会计准则下，且未计提欧盟开出的50.7亿美元的罚款）。摊薄之后，Alphabet于2018年第三季度每股的收益为13.06美元，较去年同期的9.57美元增长36.5%。

第二节　重点发展战略

一、战略综述

2018年，谷歌的战略主要可以总结为五大方面。一是坚持以人工智能为中心，保持机器学习的领先地位。二是奋起直追，增加云计算市场的份额。三是构建用于计算的网络基础设施。四是保护广告业务不受数字竞争的影响。五是扩大印度和东南亚市场，重建在中国的业务。

二、战略领域

（1）人工智能。

人工智能是贯穿谷歌及其母公司 Alphabet 搜索、广告、云计算、自动驾驶、医疗健康及其他常识性新项目的主线。早在 2016 年 10 月，谷歌 CEO 桑达尔·皮查伊（Sundar Pichai）在一次主题演讲中重点强调了人工智能对科技行业发展的重要性。他表示，“我很清楚，我们正在从移动为先的世界发展到一个人工智能世界”。自此之后，人工智能便成为谷歌在投资、收购、内部支出及申请专利方面的重点领域。

（2）云计算。

谷歌目前在云服务提供商中位居第三，仅次于亚马逊和微软。但该公司已经通过大量的投资、收购和内部努力奋起直追，获取更高的市场份额。此外，该公司还推出了多项举措以便能更好地参与竞争。在谷歌官网，谷歌云将客户群按照地域划分为三大类。第一类为美国区域，这类美国本土客户数量占到了谷歌云客户体量的 46.7%；第二类为欧洲、中东及非洲区域，这类客户占到了谷歌云客户体量的近 40.0%；第三类为亚太和日本区域，这类客户占到了谷歌客户体量的 13.3%左右，并且这类客户大都不是中国企业。谷歌云的全球数据中心布局未包括中国大陆地区，其在亚太区域的数据中心位于日本的东京和大阪、新加坡及印度孟买，中国的台湾和香港对中国大陆地区形成了“包围”之势。据悉，谷歌近期也没有在中国大陆布局数据中心的规划。

（3）网络基础设施。

谷歌近年来在网络基础设施开发方面投入了大量资金以处理更高级别的计算。谷歌高管层公开表示，其资本支出的主要推动力之一是建立计算能力，因为更复杂的机器学习能力需要更强的处理能力。目前，谷歌在全球运营着 15 个数据中心（美国 8 个、欧洲 4 个、亚洲 2 个、南美洲 1 个），这些数据中心主要负责计算、存储和数据备份服务。此外，谷歌在海底电缆项目上也投入了大量资金来支持其计算能力。2018 年 7 月，该公司宣布了一项横穿大西洋的私人海底电缆项目，旨在提高互联网的网络容量，支持谷歌云发展。

（4）保护广告业务。

谷歌正面临着亚马逊电子商务的全面冲击，亚马逊和苹果的内容和音乐服务业使谷歌面临流量压力。据 CB Insights 统计，2017 年，上述冲击让谷歌失去了原有广告量的 60%。不过自 2018 年以来，谷歌正着手从内容、产品、运营等方面展开反击，并在数字商业和内容领域做出新尝试。

（5）扩大印度、东南亚和中国市场。

谷歌 2018 年以来的投资、合作伙伴关系和内部项目表明，该公司有兴趣在印度和东南亚市场建立业务，因为上述地区的互联网使用量正在大幅增长。此外，谷歌的一些动作也表明，2019 年该公司有意提升对中国市场的重视程度。

第三节 重点领域发展情况

一、人工智能领域

为了发展人工智能，谷歌近年来专门推出了两项针对人工智能的发展基金——Gradient Ventures（梯度基金）和 Google Assistant Investment Program（谷歌智能助理投资计划）。其中，Gradient Ventures 于 2017 年 7 月推出，到目前为止只进行了早期阶段的投资交易，主要聚焦在美国。Google Assistant Investment Program 是为了提高 Google Assistant 的能力而推出的一项基金。此外，谷歌内部将机器学习作为主要的战略重点领域，增加研发和投资支出。

在收购方面，谷歌正通过更成熟的投资工具积极收购人工智能初创公司。谷歌进军人工智能和机器学习领域的尝试起源于 2014 年 1 月对人工智能创业公司 DeepMind 的 6 亿美元收购案。目前，DeepMind 是 Alphabet 的子公司，是机器学习领域的先驱，该公司研发的 AlphaGo 系统于 2017—2018 年的围棋比赛中多次战胜了人类世界冠军。2019 年 1 月，DeepMind 研发的 AlphaStar 系统又在《星际争霸 2》这一知名动态战略游戏中战胜了人类选手。2018 年，谷歌还收购了专注于深度学习和机器学习系统的印度初创公司 Halli Labs、基于深度神经网络进行图像处理的计算机视觉公司 AIMatter、自然语言处理初创企业 Banter 等。

在产品方面，谷歌近年来更重视人工智能业务的“软硬结合”，在构建虚拟数字助理体系的同时，推出更受欢迎的硬件产品。目前，谷歌正在与美国的“每个主要设备品牌”合作，推广 Google Assistant。同时，谷歌推出了 Pixel 智能手机、Chromebook 笔记本计算机和 Google Home 智能家居设备。2017 年 9 月，谷歌以 11 亿美元收购了硬件制造商 HTC 的智能手机部门。通过这笔交易，谷歌不仅获得了 HTC 的硬件工程师，还在中国台湾建立了制造业务。

在专利方面，谷歌重点关注语音识别、自然语言处理。谷歌已完成了对人工智能和机器学习研发部门的更名，从 Google Research 更名为 Google AI，反映出该公司对人工智能的新关注。在 Google AI 中，Google Brain 团队负责开发其开源软件库 TensorFlow、提升翻译能力、强化语音搜索功能。Google Brain 还与Alphabet的自动驾驶部门Waymo等子公司保持密切合作，将深层神经网络应用于车辆对行人的检测系统。同时，该团队还在能源领域取得了进展，帮助谷歌实现了数据中心在耗电量上的成本节约，并将电力使用效率提高了 15%。此外，2017 年 10 月，谷歌为“基于雷达的手势感应和数据传输”申请了专利，该技术将允许用户使用手势控制一套设备，而不仅是语音或其他控制设备，说明谷歌对手势识别的关注度也在提升。

二、云计算领域

目前，谷歌与思科、Salesforce 和 SAP 等大公司建立了良好的合作关系，2018年已经完成对Cask Data、Velostrata、Xively的业务重组，专注于加强其在云服务领域的能力，同时也关注其市场战略。在2018年7月的Cloud Next大会上，谷歌推出了一系列与云计算相关的新产品和新服务。其中，最著名的是Google Cloud Services，该服务允许用户将谷歌云平台扩展到内部服务器或边缘设备，满足倾向于使用混合云服务的企业。另外，2018 年谷歌推出的定制芯片Edge TPU也是一大亮点，它可以在物联网设备上进行机器学习，以便管理更大规模的工作负载。

三、电子商务领域

在电子商务领域，谷歌极为重视亚洲地区市场的开拓，并逐步在印度、东南亚乃至中国市场建立业务。2018 年以来，谷歌加大了对印度、印度尼西亚等新兴市场的投资，在上述地区建立了电子商务网络，保持其在搜索和广告方面的立足点。

2018 年 1 月，谷歌参与了印度尼西亚叫车巨头 GO-Jek 的 C 轮融资，这是谷歌在印度尼西亚的第一笔投资。在印度，2017 年年底，谷歌完成了对印度的送货服务平台 Dunzo 的 B 轮融资。2018 年，谷歌完成了对印度金融科技公司Aye Finance和移动支付平台 Tez 的新一轮投资。在中国，2018 年，谷歌对京东投资了 5.5 亿美元，对中国游戏公司触手投资了 7600 万美元，对中国卡车平台满帮集团完成 19 亿美元的融资。

据市场投资机构预测，谷歌在印度和东南亚地区的电子商务市场预计在2025年分别达到2000亿美元和880亿美元。在这些新兴市场建立业务可能会为谷歌带来新回报，成为其收入增长的新机遇。

第二十五章

亚马逊

2018 年，亚马逊营收继续保持快速增长，在电子商务、云计算等领域继续加大布局力度，取得明显进展。在电子商务方面，其在美国的渗透率不断提升，海外（美国以外）市场不断拓展。在云计算方面，亚马逊发布了多款新产品和新服务，并通过强强联合方式与相关巨头拓展细分领域云服务市场，重视将人工智能与云计算结合，通过云计算提供人工智能服务，以人工智能丰富云计算产品线。

第一节　总体发展情况

2019 年 2 月 1 日，亚马逊发布了 2018 年第四季度财报。财报显示，第四季度亚马逊净销售额为 724 亿美元，比 2017 年同期的 605 亿美元增长 20%；营收增加至 38 亿美元，2017 年同期则为 21 亿美元。第四季度净收入为 30 亿美元。2018 年，亚马逊净销售额为 2329 亿美元，比 2017 年的 1779 亿美元增长 31%。2018 年亚马逊的净收入为 101 亿美元。

第二节　重点发展策略

一、电子商务整体持续向好发展

电商整体利润率持续好转，本地收入保持高速增长（剔除实体店收入，预估北美地区收入增速约为 24.8%，预计未来难以保持，合理增速应在 15%～25%（除非服务收入超预期）；海外市场由于环境复杂且竞争较为激烈，印度对于亚马逊和沃尔玛的限制政策于 2019 年 2 月 1 日实行，对亚马逊的海外收入造成较大的影响。

从收入结构上看，北美地区收入的高增速得益于线下的拓展及服务类收入的高速增长，网上商城增速跑输行业增速（美国网络零售增速为 14.5%），可能是因为海外市场拉低了整体水平；服务类收入占比提升导致整体利润率提高，其中主要是（其他）广告服务的带动较为明显，同比增速超过 100%，明显有“阿里化”的趋势；同时，受到宏观等外部环境因素的冲击，亚马逊无论是零售还是服务的增速都逐步放缓，2019 年的相关影响可能延续，导致增速进一步下行。

中美两国的网络零售渗透率都在不断提升。2018 年，中国实物商品网络零售额累计同比增速达到 25.4%，渗透率达到 18.4%；美国网络零售额同比增速为 14.5%，渗透率达到 9.8%；由于零售环境的差异，美国的线下零售体系更为发达和成熟，居民消费习惯基本形成，电商渗透较为缓慢，但与国内相比，长期来看应当还有空间（国内渗透还在不断提升），可保证亚马逊本地业务发展。

二、云计算规模效应愈发明显

亚马逊的云计算服务——AWS 始终保持高增速发展，2018 年同比增速达到 46% 以上；规模效应逐渐显现，利润率逐步提升，2018 年营业利润率达到 28.44%，创下新高，但目前云计算仍处于市场红利期，长期竞争格局形成以后的利润率还不好判断。主要竞争对手收入增速很快，2018 年前两个季度，微软的 Azure 的增速都保持在 90% 以上，第三季度增速为 76%，与 AWS 仍存在规模差距，但差距正在逐步缩小；Garther 的数据显示，在 IAAS 领域，Azure 正在蚕食 AWS 的增量市场。

Azure 在 AWS 的竞争压力下可以获得如此高的增速，最重要的是其拥有的软件生态和整合零售优势，产品差异性不大。从数据中心建设、全球光纤网络到虚拟化技术（Hyper-V）及操作系统再到运行云服务的各项基础软件（SQL、IIS），微软自己拥有研发成熟的相关产品；对于大型 IT 企业来说，集中采购一家供应商可能能获得更大的优惠，可以省去不少麻烦（比如，与微软其他产品无缝整合，避免不兼容等问题），也有为了使用微软的软件而不得不使用 Azure 的可能。

总体来看，亚马逊的两大主要业务都发展良好，本地电商无论是整体市场空间还是商业变现程度都仍有较大的空间（对标中美网络零售渗透率有 1 倍的市场空间，对标国内电商龙头的利润率还有至少 3 倍以上的可能），但随着并购带来的一次性增长的消除，本地电商类似 2018 年的高速增长大概率不可持续；而海外电商受外部环境的因素影响，收入可能会存在较大的波动。

云计算空间仍旧广阔，相比当前 40%的增速或许会有所下滑，但较高增速大概率能够保持，利润率也会随着规模效应持续优化；但在竞争上还需关注微软带来的影响，且在未来行业红利期结束时，利润率水平是高是低也是个未知数。

第二十六章

苹果

第一节　总体发展情况

苹果公司是全球知名的高科技企业，核心业务是各类电子科技产品。

2018 财年，苹果 iPhone 销量比 2017 财年的 2.168 亿部增长了 96.6 万部；实现了 1666.99 亿美元的营收，较 2017 财年的 1413.19 亿美元增长了 18%，高于苹果全部营收 15.9%的同比增长率，占苹果营收的比重接近 63%。

2018 年，苹果公司股价剧烈震荡。8 月 2 日，苹果公司股价创下 207.05 美元的历史新高，市值成功突破万亿美元，成为全球首家市值突破万亿美元的公司。但根据苹果公司于 11 月发布的第四财季（第三自然季度）财报，当季总营收为 629 亿美元，同比增长 20%；售出的 iPhone 和 iPad 数量均低于市场平均预计量。财报当日，库克宣布将不再公布所有产品的销量，这一消息成了苹果股价持续下滑的导火索。截至 2018 年年底，苹果股价全年下跌近 7%，缩减到约 7400 亿美元。

第二节　重点发展战略

2018 年，苹果在公司战略层面引进多名技术人才、收购多家公司，以提升 iPhone 等产品的实力。行业普遍认为，苹果公司在 2018 年进行的具有里程碑意义的交易包括收购 Texture 和 Shazam，以及与 Dialog 的 6 亿美元的交易。同时，一些规模较小的收购表明了公司对数据、分析和人工智能等方面日渐浓厚的兴趣。具体来看，2018 年 1 月 2 日，苹果收购了专注于 iOS 开发的部署和集成工具的 Buddybuild 公司，以支持苹果的 Xcode 开发平台；1 月 19 日，苹果从名为硅谷数据科学的公司收购了一个数据科学家团队；3月12日，苹果证实已收购数字杂志分销商 Texture，预计 Texture 将在 Apple News 方面发挥重要作用，支持苹果在2019年推出新闻订阅服务；8月29日，苹果公司收购专注于制作“增强现实眼镜镜片”的创业公司 Akonia Holographics；9月24日，苹果公司正式收购音乐识别服务公司 Shazam；10月10日，苹果确认收购专门从事数字化操作人员和物品的丹麦创业公司 Spektral，这家公司主打视频人物分割技术，可以用在拍照、Final Cut Pro 和 iMovie 等应用中；11月20日，苹果公司收购人工智能创业公司 Silk Labs，该公司正在开发基于人工智能的 IoT 操作系统。

苹果还意识到在芯片方面受制于高通的风险，除加快与英特尔合作开发基带芯片外，还悄悄在芯片领域进行布局。2018年10月，苹果公司与其生态链上的半导体公司 Dialog 签署一项为期多年的协议，苹果将总共支付6亿美元雇用 Dialog 公司约300名员工，并获得该公司的电力管理技术授权。

第三节　重点领域发展情况

在常规产品方面，苹果于2018年3月推出第六代 iPad，在7月推出改进后的13英寸和15英寸 MacBook Pro 笔记本计算机，并于秋天推出三款 iPhone 手机 iPhone XR、iPhone XS 和 iPhone XS Max，以及经过改进和重新设计的 Apple Watch Series 4；10月，公司还推出了11英寸和12.9英寸 的 iPad Pro 平板计算机、深空灰 Mac mini 计算机和 MacBook Air 笔记本计算机的更新版本。

在智能硬件领域，苹果于2018年2月推出首款智能扬声器 HomePod，作为音乐中心和家庭内部的个人助理，希望以此与亚马逊 Echo 和谷歌 Home 等设备竞争。

在软件系统领域，苹果于2018年9月推出新版本的 iOS、macOS、tvOS 和 watchOS。其中，iOS 12 带来了性能提升；watchOS 5 为用户间沟通带来了对讲机功能和新的锻炼竞赛，还有更好的通知体验；macOS Mojave 推出了用户期待已久的系统级深色模式、用于清理凌乱桌面的叠放功能及动态桌面功能。

在知识产权领域，苹果公司在与高通公司的官司上两次尝得败绩。在德国，法院判处禁止苹果在德国销售部分使用英特尔芯片和另一家供应商 Qorvo 零部件的 iPhone 手机。在中国，福州中级人民法院发出禁售令，要求苹果立即停止针对高通两项专利，包括在中国进口、销售和许诺销售未经授权的产品的侵权行为。

第二十七章

微软

微软作为全球最大的计算机软件供应商，在享受 PC 市场的红利的同时，也在思考转型发展。2018 年微软年报显示，虽然有诸多的业务继续保持增速，但可惜的是营收和利润均低于市场预期，最核心的数据尚未达标。财报公布后，微软市值也以微弱的劣势落后于亚马逊，被迫让出了全球市值第一的宝座。

第一节 总体发展情况

据微软官方财报数据，微软 2018 财年营收为 1104 亿美元，运营收入为 351 亿美元，并通过股息派发和股票回购向股东返还了 215 亿美元。其中，微软的商业云业务收入超过 230 亿美元，提前 9 个月完成了于 2018 财年实现 200 亿美元年度商业云收入的目标。此外，微软商业云毛利率增长至 57%，同比增长 7 个百分点。其中，Microsoft Office 365 商业版、Microsoft Azure、Microsoft Dynamics 365 和其他商业云相关的服务收入达到了 232 亿美元的收入，同比增长 56%。Office 商业版收入增加了 11%，其中增加部分的 41%是由 Office 365 商业版带来的。在消费者方面，Office 的一般消费者营收提高了 11%，Office 365 的用户订阅数量达到 3140 万个。LinkedIn 服务带来了 53 亿美元的收入。Dynamics 365 服务的营收增长了 65%，提高了整体 Dynamics 项目营收的 13%。Azure 服务营收增长了 91%，使微软云服务总营收增长了 21%。Windows OEM Pro 的营收提高了 11%，使 Windows OEM 的总营收提高了 5%。游戏业务方面的营收提升了 14%，其中 Xbox 软件和服务由于第三方厂商的原因，营收提高了 20%。在 Surface 计算机方面，新产品和产品线的开发，提高了 Microsoft Surface 总营收的 16%。由于搜索数量和每次搜索收入的增加，搜索引擎广告收入提高了16%。微软CEO萨提亚·纳德拉表示："我们取得了令人难以置信的年度业绩表现，营收超过了1000亿美元，这是公司团队以客户成功为重点而做出不懈努力以及客户信任微软所带来的结果。我们在智能云和智能边缘领域中进行的早期投资正在取得成功，将继续利用差异化创新来扩大我们在大型增长中市场上的业务范围。"

第二节 重点发展战略

一、建立全球化商业云服务体系

商业云服务作为微软公司现在主要的战略发展方向之一，2018 年的营收高达 230 亿美元，超出年初设定的 200 亿美元的目标。其中，毛利率达到 57%，比上一年提高了 7%。Azure 的营收相较于去年提高了 91%。微软的目标是把Azure 打造成一个全球化的，可以涵盖身份验证、数据、应用软件平台、安全和管理等功能的云服务。为了实现这一目标，2018 年微软的全球数据中心数量增加到54个地区，为所有云服务商中的第一名。这一举动使得微软云服务可以覆盖广泛的服务需求和范围，以适应不同国家和地区的商业模式，从而获取利润和寻找商业机会。同时，微软实施了 Natick 计划，建造海底数据中心，探索数据管理和处理的环保和可持续发展。

二、继续大力发展人工智能

对于 Azure AI 来说，2018 年是非常重要的一年，微软在人工智能领域取得了一个又一个重大的突破。一是在 Microsoft Connect 上，微软公开了带有新的自动化机器学习（Automated ML）功能的 Azure 机器学习服务（AML）。机器学习服务将构建机器学习模型所需的时间从数周或数月缩短至数天，使数据科学家和开发人员能够更快地识别合适的算法和参数，快速构建和部署机器学习解决方案。此外，借助 AML，数据科学家和开发人员可以在从智能云到智能边缘的任何地方快速、轻松地构建、训练和部署机器学习模型。一旦模型被开发出来，组织就可以在云端和边缘部署和管理他们的模型，包括具有集成（CI/CD）工具的物联网设备。Azure 机器学习与 Azure 服务无缝集成，为机器学习生命周期提供"端到端"的功能，包括数据准备、实验、模型训练、模型管理、部署和监控。二是成为第一家通过容器交付人工智能服务的公司。2018 年 11 月，微软发布了 Azure 认知服务容器预览版，使 Azure 成为第一个跨云和边缘计算提供智能认知服务的平台。容器化是一种软件分发方法，在这种方法中，应用程序或服务被打包，这样就可以在容器主机中部署，几乎不需要修改。有了容器支持，客户可以在任何数据驻留的地方使用 Azure 的智能认知服务功能。这意味着客户可以在不将内容发送到云的情况下执行人脸识别、OCR 或文本分析操作。并且无论是构建在边缘还是 Azure 上的应用程序，都是可以相互移植的，也可以构建同时跨越云和边缘的智能应用。三是于 2018 年 9 月正式发布多语言支持的 Bot Framework SDK V4。目前，Bot Framework 已经拥有更广泛的语言支持，C# 和 JavaScript SDK 已经正式发布，Python 和 Java SDK 也已公开预览。更好的可扩展性可以构建一个充满活力的插件生态系统，如对话框管理和机器翻译等。Bot 框架还包括一个模拟器和一组 CLI 工具，用于简化不同 Bot 语言理解服务的创建和管理。如今，这项服务拥有 34 万余名用户，且还在不断增长。四是 ONNX Runtime 现已开源。开放神经网络交换（Open Neural Network Exchange，ONNX）是一种表示机器学习模型的开放格式，它使开发人员和数据科学家能够使用最适合他们的框架和工具，包括 PyTorch、TensorFlow、Scikit-learn 等。ONNX Runtime 是第一个完全支持 ONNX 规范的推理引擎。在微软，很多团队正在使用 ONNX Runtime 来提高模型的评分延迟和效率。对于转换到 ONNX 的模型，与之前的解决方案相比，平均性能提高了两倍。高通（Qualcomm）、英特尔（Intel）和英伟达（NVIDIA）等领先的硬件公司正积极地将其定制加速器集成到 ONNX Runtime 中。

三、在游戏产业创造机会

2019 年，微软希望从游戏产业中创造机会，不单单从游戏开发方面，还有游戏分销、游玩及观赏方面。根据 2018 年年报，微软在游戏方面的营收首次超过 100 亿美元，并且积极投资内容、社区和云服务，扩大其影响力范围以及与玩家的互动。Xbox Live 现在每月有 5700 万活跃用户，并且微软正在投资开发新的服务，如 Mixer——一种新的游玩和观看体验服务和 Game Pass，新的无限制订阅服务。同时，微软在 2018 年新增了 5 家游戏工作室以支持第一方内容的开发，来支持微软快速增长的游戏服务。微软还在 2018 年收购了 PlayFab 平台，以加速其在移动端、PC 端和主机端打造世界级云游戏平台的目标。2018 年 10 月，微软推出了云串流平台 Project xCloud。基于微软 Azure 串流技术，玩家不需要购买高配置 PC 或者游戏主机，就可以通过手机或者平板计算机等移动端游玩超过 3000 款 Xbox 游戏。云计算和 Xbox 的大量游戏资源成了微软云游戏服务的核心竞争力。

第二十八章

脸书

第一节　总体发展情况

一、企业收入快速增长

脸书（Facebook）的 2018 年第四季度财报显示其营收为 169.1 亿美元，增长了 30%，高于市场预期的 164 亿美元；净收入总计为 68.8 亿美元，创下新高，比前年同期增长了 61%；每股收益（EPS）为 2.38 美元，创下纪录，年增长 65.3%，也高于市场预期的 2.18 美元。2018 年，广告收入为 550 亿美元，来自中国的广告收入占脸书总收入的 10%，达 50 亿美元，成为继美国之后，脸书在全球第二大的广告收入地区。按照《纽约时报》的报道，50 亿美元的广告收入足以让脸书跻身中国第七大上市互联网公司之列。按用户地理位置列出的收入如图 28-1 所示。

二、用户规模快速提升

脸书的 2018 年第四季度财报显示，其目前拥有 700 万广告客户，月活跃用户为 23.2 亿个，日活跃用户为 15.2 亿个，比去年同期增长 9%。日活跃用户（DAU）季增 1.8%、年增 8.6%，达到 15.2 亿人；月活跃用户（MAU）季增 1.8%、年增 8.6%，达到 23.2 亿人。这些数据直接证明了 2018 年 3 月的隐私丑闻并未对脸书造成太大损害，脸书这一平台背后拥有巨大的广告市场和用户市场。各地区每日活跃用户如图 28-2 所示。

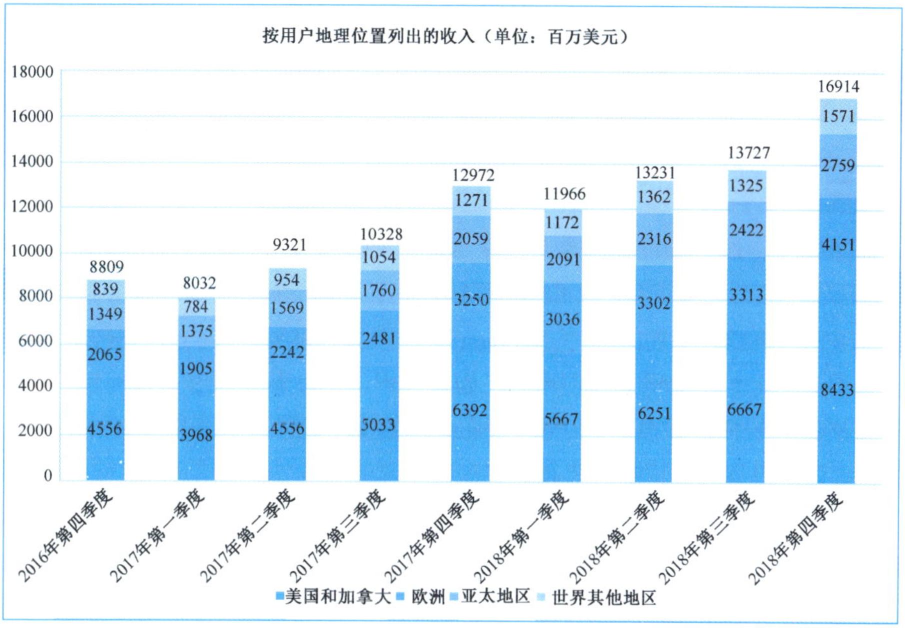

图 28-1　按用户地理位置列出的收入

（数据来源：根据 Facebook 财报整理，2019 年 1 月）

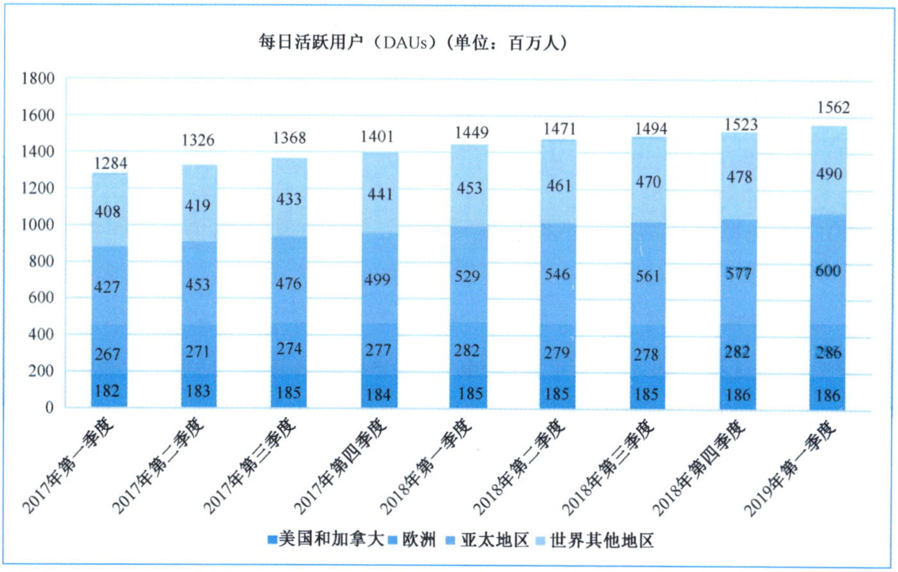

图 28-2　各地区每日活跃用户

（数据来源：根据 Facebook 财报整理，2019 年 1 月）

第二节　重点发展战略

一、以新技术应用促进业务创新发展

2018年，脸书继续加强人工智能、虚拟现实等技术应用，促进各类业务创新发展。在2019年1月的CES消费电子展上，英特尔宣布将与脸书合作，在下半年完成新款人工智能芯片Nervana神经网络推理处理器的最后开发工作，以使更多公司能更加便宜地使用人工智能技术。这款芯片能够更快地运行机器学习算法。依托于该款芯片，脸书可以更高效地处理类似于在图片中标注人物、翻译用户每天发送的内容和捕捉违禁内容等任务。

2018年9月，Oculus Connect 5大会在加利福尼亚州圣何塞市举行，脸书首席执行官马克·扎克伯格（Mark Zuckerberg）指出VR增长的两个主要步骤：一是建立自我维持的生态系统，二是构建具有最佳外形尺寸、舒适轻便的设备。会上发布了Oculus Quest VR一体机，这款独立VR设备将是第一款为头显设备和双手柄提供运动位置追踪的无线Oculus设备，采用新的Oculus Insight技术，四角各分布一个集成摄像头，并配备一对6DoF手柄，可感知用户的行走、蹲伏和倾斜动作，使用户能在虚拟空间自由移动。这意味着该设备可以在不需要在房间周围放置任何传感器的情况下获知其周围环境和用户的确切位置。

二、加强构建内容生态

2018年，脸书将内容生态构建与脸书社交领域的强大优势地位连接起来，持续强化建设音乐、体育、视频直播等领域内容，推动业务范围不断扩展，入局音乐业务领域。脸书于2018年1月和3月初拿到了Sony/ATV和华纳音乐集团的授权协议，同时还与Kobalt、欧洲作曲家协会旗下版权平台HFA/Rumblefish及音乐版权管理公司Global Music Rights均签署类似协议。另外，泛欧数字版权机构ICE也代表它在160个国家和地区的版权所有人与脸书签订了合作协议，令后者遍布全球的21亿名用户都有机会使用这些音乐创作出更多优质内容。脸书还签下了法国版权协会SACEM，并将后者代理的加拿大版权协会SOCAN和Wixen Music Publishing的内容也一起收入囊中。在视频直播领域，脸书向全球所有用户开放了360°直播新功能，并推出了360°视频传输质量评估标准SSIM360和360QVM，推出了AR视频涂鸦工具，Spaces也带

来全新角色化身设计。2018 年 9 月，脸书推出了视频制作工具箱和视频剪裁工具两项更新。广告主可以直接使用脸书提供的简单易用的视频模板，根据不同的视频主题，有以下 4 类以供选择：推广商品，让商品更容易被用户发现，销售多件商品，展示商品优点。每种主题都有正方形模板和纵向模板。

三、加快 VR 领域战略布局

2018 年，脸书持续在 VR 领域发力，加强 VR 战略布局。2018 年 5 月，Facebook Messenger 为品牌商增加 AR 零售功能；7 月，展示了研究基于马克点的手部追踪系统，同时投资 8800 万美元建造 Oculus 西雅图总部；8 月，Facebook Messenger 推出 AR 聊天游戏，并与欧莱雅合作推出 AR 试妆广告；9 月，脸书召开的 Oculus Connect 5 大会上发布了 Oculus Quest VR 一体机；10 月，相机 AR 特效平台更名为 Spark AR，并证实公司正在研发 AR 眼镜；11 月，脸书重组 Oculus，按技术领域进行划分。

四、持续布局人工智能领域

2018 年，围绕人工智能各个互联网企业开始跑马圈地，抢占发展制高点。脸书不断加大投资布局：未来 5 年预计投资 1000 万欧元建设法国人工智能中心，提高巴黎研究基地的人工智能科学家规模。2018 年，脸书最主要的工作集中在如何将人工智能方面的研究成果尽可能地产品化并部署到系统中，主要体现在 PyTroch 平台和一系列工具的开发上。PyTroch 自 2018 年发布以来已经跃居为 GitHub 上增长第二快的开源项目，其灵活的接口对于研究人工智能的快速迭代十分友好，同时开源的框架设计有助平台包容并蓄、快速迭代和发展。随着代码体系的不断完善，2018 年发布的 PyTorch 1.0 实现了产品级别的框架，涵盖了从原型研究到服务部署的全套流程，推动人工智能技术更好地发展；9 月，脸书宣布其开发出了一款新型人工智能系统，能够用来检测仇恨性言论，有美国科技媒体认为，这款人工智能系统对于脸书面临的内容审查困境将会大有用处。

第二十九章

Salesforce

从 SaaS 市场切入的 Salesforce，现今将 PaaS、人工智能、大数据集于一身，目前其发展重点已不再是移动互联网时代下衍生出的 CRM，而是欲打造一个能够满足所有营销销售需求的完整生态，并让其门槛变得更低、更智能。

第一节 总体发展情况

2018 年第三季度，Salesforce 的营收为 33.9 亿美元，高于去年同期的 27 亿美元；净利润为 1.05 亿美元，每股收益为 13 美分，去年同期的净利润和每股收益分别为 1.07 亿美元和 14 美分；不计入某些一次性项目，该季度调整后每股收益为 61 美分。

目前，Salesforce 旗下的 7 个主要产品方向为 Service Cloud、Sales Cloud、Marketing Cloud、Community Cloud、Analytics Cloud、IoT Cloud 和 App Cloud，为企业的客户服务、销售业务、市场营销、数据分析等各领域提供服务。2018 年第三季度，销售云（Sales Cloud）依旧是公司最大的收入来源，同比增长 11%，收入为 10.2 亿美元，增速比第二季度放缓 2 个百分点；服务云（Service Cloud）收入为 9.2 亿美元，同比增长 24%，增速比第二季度放缓 3 个百分点；平台收入（Salesforce Platform and Other）收入为 7.4 亿美元，同比增长 51%，如果剔除收购的 Mulesoft（1.05 亿美元收入贡献）则同比增长 30%；商业云（Marketing and Commerce Cloud）收入为 4.9 亿美元，同比增长 37%，增速与第二季度持平。目前，Salesforce 在 CRM 市场处在绝对的首位，2018 年上半年，市场份额达到 20.3%，远远高于第二位的甲骨文（7.5%）。

2018 年第三季度，公司研发费用达到 4.81 亿美元，同比增长 22%，主要投资于人工智能和分析工具上；销售费用同比增长36%，达15.9亿美元，占收入比重达到47%，仍是公司最大的费用支出部分。

第二节　重点发展战略

一、持续拓展产品广度和深度

Salesforce 在云服务领域布局广泛，除了前述的销售云、服务云、商业云等，在金融、医疗等垂直领域也有所建树。对于企业用户具有很大吸引力的是，Salesforce 可以提供一套完整的产品服务，成为 Salesforce 区别于竞争对手的一大优势，从而受到大公司青睐。据 Salesforce 数据披露，目前为其年收入贡献超过2000万美元的客户达到40家，同比提升了67%。此外，持续的产品更新及功能完善也为收入增长带来很大贡献，约 73%的收入来自老客户，其中，51%来自新产品的销售，49%来自现有产品的更新。同时，约有38%的客户采购了其多个云产品，而这部分用户贡献了公司92%的收入。

二、加大收购力度打造生态

Salesforce 通过收购逐步完善产品线和功能，在过去几年，为夯实产品收购了 Demandware、ExactTarget，为布局人工智能收购了 PredictionIO、MetaMind等。2016年以来，Salesforce 花在收购上的资金已超过100亿美元。2018年最重要的收购是以64亿美元收购软件开发商MuleSoft。通过此次收购，Salesforce 加大了产品覆盖范围，针对企业客户推出了更多产品。一方面有助于公司成立“整合云”服务，能够把传统的企业内部计算与公有云中的数据和应用程序结合在一起；另一方面，通过收购MuleSoft，Salesforce能够接触到前者的1200家客户，有机会向其出售互补产品。

三、强强联合促进优势互补

Salesforce积极与其他IT巨头开展合作。2017年11月，Salesforce和Google签署战略合作伙伴关系，Salesforce将使用Google Cloud Platform在全球范围内进行业务拓展，并将其客户关系工具与G Suite和Google Analytics集成。2018年1月17日，Salesforce 的销售云数据可以直接导入Google Analytics 360中。2018年3月， Salesforce与IBM合作，致力于将人工智能应用到商业软件中，借助IBM的“沃森”和Salesforce的“爱因斯坦”（一个人工智能层），双方的合作将提升销售、服务、营销和电子商务领域的客户互动。

四、以开源更好地为用户赋能

2018年，Salesforce宣布开源TransmogrifAI，并已公布于GitHub上。TransmogrifAI是“爱因斯坦”的关键支撑，是一款用于结构化数据的自动化机器学习库，构建于Apache的内存分析软件Apache Spark之上，有助于企业自主构建机器学习系统。企业用户希望对销售等进行一系列预测，但每个用户的数据都是个性化的，类型和业务流程不同，这意味着需要为用户建立成百上千种不同的分析模型。而TransmogrifAI能够通过少量代码执行任务，完成高效的编码过程，自动执行数据清理、特征和模型选择，从而轻松快捷地构建适宜的模型，帮助用户实现相关预测。

政策篇

第三十章

2018年中国互联网产业重点政策要点

第一节 《网络餐饮服务食品安全监督管理办法》

为加强网络餐饮服务食品安全监督管理，规范网络餐饮服务经营行为，保证餐饮食品安全，保障公众身体健康，2017年11月6日，国家食品药品监督管理总局发布了《网络餐饮服务食品安全监督管理办法》(在本节中简称《办法》)，该《办法》自2018年1月1日起施行。

《办法》明确要求入网餐饮服务提供者应当具有实体经营门店并依法取得食品经营许可证，并按照食品经营许可证载明的主体业态、经营项目从事经营活动，不得超范围经营。

《办法》要求网络餐饮服务第三方平台提供者应当设置专门的食品安全管理机构，配备专职食品安全管理人员，每年对食品安全管理人员进行培训和考核。

《办法》要求网络餐饮服务第三方平台提供者应当对入网餐饮服务提供者的食品经营许可证进行审查，登记入网餐饮服务提供者的名称、地址、法定代表人或者负责人及联系方式等信息，保证入网餐饮服务提供者的食品经营许可证载明的经营场所等许可信息真实。

《办法》要求网络餐饮服务第三方平台提供者和入网餐饮服务提供者应当在网上公示餐饮服务提供者的名称、地址、量化分级信息，公示的信息应当真实。

《办法》要求网络餐饮服务第三方平台提供者和自建网站餐饮服务提供者应当履行记录义务，如实记录网络订餐的订单信息，包括食品的名称、下单时间、送餐人员、送达时间及收货地址，信息保存时间不得少于 6 个月。

第二节　《医疗器械网络销售监督管理办法》

为了加强医疗器械网络销售和医疗器械网络交易服务监督管理，保障公众用械安全，2017 年 12 月 20 日，国家食品药品监督管理总局发布了《医疗器械网络销售监督管理办法》（在本节中简称《办法》），该《办法》包括总则、医疗器械网络销售、医疗器械网络交易服务、监督检查、法律责任、附则六个部分，自 2018 年 3 月 1 日起施行。

《办法》要求坚持线上、线下一致的原则，明确从事网络销售的医疗器械生产经营企业和上市许可持有人，其销售条件应当符合《医疗器械监督管理条例》和《办法》的要求。

《办法》要求网络销售企业和网络交易服务第三方平台提供者分别向市局和省局备案，并进一步细化了网络销售企业和网络交易服务第三方平台提供者的义务，规定网络销售企业应当保证医疗器械的质量安全；第三方平台提供者应当建立平台入驻企业核实登记、质量安全监测等管理制度，对违法经营者和违法产品立即停止网络交易服务并报告；网络销售企业和第三方平台提供者应当保障销售交易数据和资料真实、完整、可追溯。

《办法》明确第三方平台提供者统一由省级食品药品监督管理部门负责监管。针对网络销售跨地域、质量问题波及面广的特点，《办法》细化不同网络违法情形的查处职责，形成违法企业所在地、违法行为发生地及违法行为结果地各级监管部门的联动配合；后果特别严重的违法行为可报请总局协调或者由总局组织直接查处。

第三节　《微博客信息服务管理规定》

为促进微博客信息服务健康有序发展，保护公民、法人和其他组织的合法权益，维护国家安全和公共利益，2018 年 2 月 2 日，国家互联网信息办公室发布了《微博客信息服务管理规定》（在本节中简称《规定》），该《规定》自 2018 年 3 月 20 日起施行。

《规定》对微博客服务提供者提出了从业要求，要求微博客服务提供者应当落实信息内容安全管理主体责任，建立健全用户注册、信息发布审核、跟帖评论管理、应急处置、从业人员教育培训等制度及总编辑制度，具有安全可控的技术保障和防范措施，配备与服务规模相适应的管理人员。

《规定》要求微博客实行实名制服务，要求微博客服务提供者按照“后台实名、前台自愿”的原则，对微博客服务使用者进行基于组织机构代码、身份证件号码、移动电话号码等方式的真实身份信息认证、定期核验。微博客服务使用者不提供真实身份信息的，微博客服务提供者不得为其提供信息发布服务。

《规定》要求微博客服务分级、分类管理，要求微博客服务提供者应当按照分级、分类管理原则，根据微博客服务使用者的主体类型、发布内容、关注者数量、信用等级等制定具体管理制度，提供相应服务，并向国家或省（自治区、直辖市）互联网信息办公室备案。

《规定》要求微博客服务提供者应当建立健全辟谣机制，发现微博客服务使用者发布、传播谣言或不实信息，应当主动采取辟谣措施。

《规定》要求微博客服务提供者应用新技术、调整增设具有新闻舆论属性或社会动员能力的应用功能，应当报国家或省（自治区、直辖市）互联网信息办公室进行安全评估。

第四节　最高人民法院《关于互联网法院审理案件若干问题的规定》

为了规范互联网法院诉讼活动，保护当事人及其他诉讼参与人的合法权益，确保公正高效审理案件，2018年9月6日，《最高人民法院关于互联网法院审理案件若干问题的规定》(在本节中简称《规定》)发布，该《规定》自2018年9月7日起施行。

《规定》要求互联网法院采取在线方式审理案件，案件的受理、送达、调解、证据交换、庭前准备、庭审、宣判等诉讼环节一般应当在线上完成。

《规定》要求互联网法院审理案件所需涉案数据，应当由电子商务平台经营者、网络服务提供商、相关国家机关提供，并有序接入诉讼平台，由互联网法院在线核实、实时固定、安全管理。

《规定》要求互联网法院审查判断电子数据生成、收集、存储、传输过程的真实性，审查内容包括电子数据生成、收集、存储、传输所依赖的计算机系统等硬件、软件环境是否安全、可靠；电子数据的生成主体和时间是否明确，表现内容是否清晰、客观、准确；电子数据的存储、保管介质是否明确，保管方式和手段是否妥当；电子数据提取和固定的主体、工具和方式是否可靠，提取过程是否可以重现；电子数据的内容是否存在增加、删除、修改及不完整等情形；电子数据是否可以通过特定形式得到验证。

《规定》要求互联网法院采取在线视频方式开庭。存在确需当庭查明身份、核对原件、查验实物等特殊情形的，互联网法院可以决定在线下开庭，但其他诉讼环节仍应当在线上完成。

第五节　《互联网医院管理办法(试行)》

为了推动互联网医院持续健康发展，规范互联网医院管理，提高医疗服务效率，保证医疗质量和医疗安全，2018 年 7 月 17 日，国家卫生健康委员会发布了《互联网医院管理办法（试行）》（在本节中简称《办法》)。该《办法》包括总则、互联网医院接入、执业规则、监督管理和附则五个部分，自 2018 年 7 月 17 日起施行。

《办法》规定按照《医疗机构管理条例》《医疗机构管理条例实施细则》对互联网医院实行准入管理。同时，要求在实施互联网医院准入前，省级卫生健康行政部门应当建立省级互联网医疗服务监管平台，与互联网医院信息平台对接，实现实时监管。

《办法》要求患者未在实体医疗机构就诊的，医师只能通过互联网医院为部分常见病、慢性病患者提供复诊服务。

《办法》要求互联网医院开展互联网诊疗活动应当按照《医疗机构病历管理规定》和《电子病历基本规范（试行）》等相关文件要求，为患者建立电子病历，并按照规定进行管理。

《办法》要求互联网医院应当严格执行信息安全和医疗数据保密的有关法律法规，妥善保管患者信息，不得非法买卖、泄露患者信息。

《办法》鼓励城市三级医院通过互联网医院与偏远地区医疗机构、基层医疗卫生机构、全科医生与专科医生的数据资源共享和业务协同，促进优质医疗资源下沉。

第六节　《互联网诊疗管理办法（试行）》

为了规范互联网诊疗活动，推动互联网医疗服务健康快速发展，保障医疗质量和医疗安全，2018 年 7 月 17 日，国家卫生健康委员会发布了《互联网诊疗管理办法（试行）》（在本节中简称《办法》)。该《办法》包括总则、互联网诊疗活动准入、执业规则、监督管理、附则五个部分，自 2018 年 7 月 17 日起施行。

《办法》明确了国家对互联网诊疗活动实行准入管理，要求互联网诊疗活动应当由取得《医疗机构执业许可证》的医疗机构提供。

《办法》要求不得对首诊患者开展互联网诊疗活动，要求医疗机构在线上开展部分常见病、慢性病复诊时，医师应当掌握患者病历资料，确定患者在实体医疗机构明确诊断为某种或某几种常见病、慢性病后，可以针对相同诊断进行复诊。

《办法》要求医疗机构开展互联网诊疗活动时，不得开具麻醉药品、精神药品等特殊管理药品的处方。

《办法》鼓励医联体内利用互联网技术，加快实现医疗资源上下贯通，提高基层医疗服务能力和效率，推动构建有序的分级诊疗格局。

第七节 《公安机关互联网安全监督检查规定》

为了规范公安机关互联网安全监督检查工作，预防网络违法犯罪，维护网络安全，保护公民、法人和其他组织合法权益。2018 年 9 月 15 日，公安部发布了《公安机关互联网安全监督检查规定》（在本节中简称《规定》），该《规定》包括总则、监督检查对象和内容、监督检查程序、法律责任、附则五个部分，自 2018 年 11 月 1 日起施行。

《规定》明确了公安机关及其工作人员在履行互联网安全监督检查职责中获取的信息，只能用于维护网络安全的需要，不得用于其他用途。

《规定》明确了公安机关开展监督检查对象，包括提供互联网接入、互联网数据中心、内容分发、域名服务的；提供互联网信息服务的；提供公共上网服务的；提供其他互联网服务的。

《规定》明确了国家重大网络安全保卫任务期间，公安机关可以对与国家重大网络安全保卫任务相关的互联网服务提供者和联网使用单位，开展专项安全监督检查。

《规定》明确了公安机关开展互联网安全监督检查可以采取现场监督检查或者远程检测的方式进行。同时要求公安机关开展远程检测，应当事先告知监督检查对象的检查时间、检查范围等事项或者公开相关检查事项，不得干扰、破坏监督检查对象网络的正常运行。

第八节　《具有舆论属性或社会动员能力的互联网信息服务安全评估规定》

为加强对具有舆论属性或社会动员能力的互联网信息服务和相关新技术、新应用的安全管理，规范互联网信息服务活动，2018 年 11 月 15 日，国家互联网信息办公室发布了《具有舆论属性或社会动员能力的互联网信息服务安全评估规定》（在本节中简称《规定》），自 2018 年 11 月 30 日起施行。

《规定》明确了具有舆论属性或社会动员能力的互联网信息服务，包括下列情形：开办论坛、博客、微博客、聊天室、通信群组、公众账号、短视频、网络直播、信息分享、小程序等信息服务或者附设相应功能；开办提供公众舆论表达渠道或者具有发动社会公众从事特定活动能力的其他互联网信息服务。

《规定》要求互联网信息服务提供者在具有下列情形之一的，应当依照本规定自行开展安全评估，并对评估结果负责，具体情形包括：具有舆论属性或社会动员能力的信息服务上线，或者信息服务增设相关功能的；使用新技术、新应用，使信息服务的功能属性、技术实现方式、基础资源配置等发生重大变更，导致舆论属性或者社会动员能力发生重大变化的；用户规模显著增加，导致信息服务的舆论属性或者社会动员能力发生重大变化的；发生违法有害信息传播扩散，表明已有安全措施难以有效防控网络安全风险的。

第九节　《中华人民共和国电子商务法》

2018 年 8 月 31 日，第十三届全国人民代表大会常务委员会第五次会议通过《中华人民共和国电子商务法》（以下简称《电子商务法》），《电子商务法》包括总则、电子商务经营者、电子商务合同的订立与履行、电子商务争议解决、电子商务促进、法律责任、附则七个部分，自 2019 年 1 月 1 日起施行。

《电子商务法》明确了电子商务是指通过互联网等信息网络销售商品或者提供服务的经营活动，并明确了电子商务不仅监管通过互联网等信息网络销售商品的行为，还监管通过互联网等信息网络提供服务的行为，但金融类产品和服务，利用信息网络提供新闻信息、音视频节目、出版及文化产品等内容方面的服务，不适用本法。

《电子商务法》从两方面措施入手让国家监管部门和消费者对电子商务经营者信息有了更加全面的了解。一是《电子商务法》要求电子商务经营者应当依法办理市场主体登记并履行纳税义务；二是《电子商务法》要求电子商务经营者应当在其首页显著位置持续公示营业执照信息，以及与其经营业务有关的行政许可信息，当信息发生变更时要求经营者及时更新公示信息。

《电子商务法》从多个方面对电子商务经营者诚信经营提出了相应要求。一是《电子商务法》要求电子商务经营者不得以虚构交易、编造用户评价等方式进行虚假或者引人误解的商业宣传，欺骗、误导消费者。二是《电子商务法》要求电子商务平台经营者不得删除消费者对其平台内销售的商品或者提供的服务的评价。

《电子商务法》要求电子商务经营者收集、使用其用户的个人信息时应当遵守法律、行政法规有关个人信息保护的规定之外还提出了额外特殊要求。一是《电子商务法》要求电子商务经营者根据消费者的兴趣爱好、消费习惯等特征向其提供商品或者服务的搜索结果的，应当同时向该消费者提供不针对其个人特征的选项。二是《电子商务法》要求电子商务经营者不得对用户信息查询、更正、删除及用户注销设置不合理条件。

《电子商务法》要求电子商务经营者因其技术优势、用户数量、对相关行业的控制能力，以及其他经营者对该电子商务经营者在交易上的依赖程度等因素而具有市场支配地位的，不得滥用市场支配地位排除、限制竞争。

《电子商务法》要求电子商务平台经营者应当根据商品或者服务的价格、销量、信用等以多种方式向消费者显示商品或者服务的搜索结果时，对于竞价排名的商品或者服务应当显著标明为“广告”。

第十节　《金融信息服务管理规定》

为了加强金融信息服务内容管理，提高金融信息服务质量，促进金融信息服务健康有序发展，2018 年 12 月 26 日，国家互联网信息办公室发布了《金融信息服务管理规定》(在本节中简称《规定》)，自 2019 年 2 月 1 日起施行。

《规定》明确了金融信息服务的概念，金融信息服务是指向从事金融分析、金融交易、金融决策或者其他金融活动的用户提供可能影响金融市场的信息和（或）金融数据的服务。该服务不同于通讯社服务。

《规定》明确了金融信息服务监管部门、国家互联网信息办公室负责全国金融信息服务的监督管理执法工作，地方互联网信息办公室依据职责负责本行政区域内的金融信息服务的监督管理执法工作。

《规定》要求金融信息服务提供者应当履行主体责任，配备与服务规模相适应的管理人员，建立信息内容审核、信息数据保存、信息安全保障、个人信息保护、知识产权保护等服务规范。

第十一节 《区块链信息服务管理规定》

为了规范区块链信息服务活动，维护国家安全和社会公共利益，保护公民、法人和其他组织的合法权益，促进区块链技术及相关服务的健康发展，2019 年 1 月 10 日，国家互联网信息办公室发布了《区块链信息服务管理规定》（在本节中简称《规定》），自 2019 年 2 月 15 日起施行。

《规定》明确了区块链信息服务界定。区块链信息服务基于区块链技术或者系统，通过互联网站、应用程序等形式，向社会公众提供信息服务。

《规定》要求区块链信息服务提供者应当落实信息内容安全管理责任，建立健全用户注册、信息审核、应急处置、安全防护等管理制度。同时要求区块链信息服务提供者应当制定并公开管理规则和平台公约，与区块链信息服务使用者签订服务协议，明确双方权利与义务。

《规定》明确了实名制服务要求。要求区块链信息服务提供者对区块链信息服务使用者进行基于组织机构代码、身份证件号码或者移动电话号码等方式的真实身份信息认证，用户不进行真实身份信息认证的，区块链信息服务提供者不得为其提供相关服务。

《规定》明确了上线前的安全评估要求。要求区块链信息服务提供者开发上线新产品、新应用、新功能的，应当按照有关规定报国家和省（自治区、直辖市）互联网信息办公室进行安全评估。

第十二节 《网络短视频平台管理规范》

2019 年 1 月 9 日，中国网络视听节目服务协会发布了《网络短视频平台管理规范》（在本节中简称《规范》），该《规范》对平台应遵守的总体规范、账户管理、内容管理和技术管理规范提出了 20 条建设性要求。《规范》自发布之日起实施。

《规范》明确了业务许可要求。要求开展短视频服务的网络平台，应当持有《信息网络传播视听节目许可证》（AVSP）等法律法规规定的相关资质，并严格在许可证规定的业务范围内开展业务。

《规范》明确了内容先审后播的要求，要求网络短视频平台实行节目内容先审后播制度。平台上播出的所有短视频均应经内容审核后方可播出，包括节目的标题、简介、弹幕、评论等内容。

《规范》明确了审核员队伍建设要求，要求网络平台开展短视频服务应当根据其业务规模同步建立政治素质高、业务能力强的审核员队伍。审核员应当经过广电管理部门组织的培训，审核员数量与上传和播出的短视频条数应当匹配。

《规范》明确了平台间违规账户信息共享要求，要求各网络短视频平台对“违法违规上传账户名单库”实行信息共享机制，对被列入“违法违规上传账户名单库”中的人员，各网络短视频平台在规定时期内不得为其开通上传账户。

《规范》明确了未成年人保护要求，要求网络短视频平台应当建立未成年人保护机制，采用技术手段对未成年人在线时间予以限制，设立未成年人家长监护系统，有效防止未成年人沉迷短视频。

第三十一章

2018 年中国互联网产业政策环境分析

第一节　互联网全局性政策全面推进

2018 年是中国互联网发展历史上具有里程碑意义的一年，呼唤已久的《中华人民共和国电子商务法》(以下简称《电子商务法》)在第十三届全国人民代表大会常务委员会第五次会议上通过。《电子商务法》对我国互联网领域而言是一部全局性、基础性的法律，该法律的出台对于全面规范网络交易服务具有十分重要的意义。除了金融类产品和服务，以及利用信息网络提供新闻信息、音视频节目、出版及文化产品等内容方面的服务不适用于《电子商务法》，其他通过互联网等信息网络销售商品或者提供服务的经营活动均适用《电子商务法》。该法律不仅监管通过互联网等信息网络销售商品的经营活动，还监管通过互联网等信息网络者提供服务的经营活动；该法律的管辖范围相当宽泛，而且内容相当基础。

第二节　重点行业互联网融合创新政策加速完善

2018 年，医疗、餐饮、金融、社交等重点行业互联网融合创新领域监管政策加速完善。在医疗领域，国家卫生健康委员会发布了《互联网医院管理办法(试行)》《互联网诊疗管理办法(试行)》《远程医疗服务管理规范(试行)》《互联网医院基本标准(试行)》四个文件，对互联网医院、互联网诊疗、远程医疗等医疗卫生服务新业态进行了有效规范，保证医疗质量和医疗安全。在餐饮领域，国家食品药品监督管理总局发布了《网络餐饮服务食品安全监督管理办法》，对入网餐饮服务提供者和网络餐饮服务第三方平台提供者提出了详细的从业要求，规范网络餐饮服务经营行为，保证餐饮食品安全。在金融领域，国家互联网信息办公室发布了《金融信息服务管理规定》，明确了金融信息服务提供者的从业要求和应当履行的主体责任，旨在规范金融信息服务并促进其健康有序发展。在社交领域，国家互联网信息办公室发布了《微博客信息服务管理规定》，对微博客服务提供者提出了从业要求，对规范微博客服务内容有促进作用。

第三节　新型领域互联网管理政策加速建立

2018年，针对区块链、短视频等互联网应用新型领域出现的问题，相关的管理政策加速健全。针对当前区块链发展的问题，国家互联网信息办公室及时制定和发布了《区块链信息服务管理规定》，明确了区块链信息服务提供者应当履行的主体责任，规范了区块链信息服务及应用，制定了区块链上线前的安全评估要求。针对网络短视频无序发展的问题，中国网络视听节目服务协会及时制定和发布了《网络短视频平台管理规范》《网络短视频内容审核标准细则》，对平台应遵守的总体规范、账户管理、内容管理和技术管理规范提出了20条建设性要求，对短视频行业健康发展起到了积极推动作用。

第四节　政策更加注重互联网潜在风险管控

2018年，互联网领域政策更加注重潜在风险管控。国家互联网信息办公室发布了《具有舆论属性或社会动员能力的互联网信息服务安全评估规定》，要求互联网信息服务提供者在上线具有舆论属性或社会动员能力的信息服务等情况下，应当自行开展安全评估。国家互联网信息办公室发布的《微博客信息服务管理规定》《区块链信息服务管理规定》，要求区块链信息服务提供者开发及上线新产品、新应用、新功能的，应当按照有关规定报国家级和省（自治区、直辖市）级互联网信息办公室进行安全评估。

热 点 篇

第三十二章

谷歌和腾讯达成专利共享协议

2018 年 1 月 19 日，谷歌和腾讯达成专利共享协议，对彼此享有的多项产品和技术专利授权对方使用。在全球范围内，科技公司之间签署专利交叉授权许可协议是常见的现象，谷歌和腾讯将通过此次合作满足各自的需求。

第一节　背景

科技公司之间签署专利交叉授权许可协议是普遍的做法。在科技全球化竞争中，后起公司在追赶行业领先公司的过程中，往往会遇到龙头企业布下的专利“陷阱”。这些专利“陷阱”会把处于追赶位置的公司拖入专利诉讼的“泥潭”，延缓追赶的步伐。为了避免陷入这样的困境，不少科技巨头采取了务实的做法，即授权其他企业可以使用己方的专利技术以获取对等的权益，从而避免某些不必要的对抗。例如，2017 年 4 月，谷歌与三星、LG 和 HTC 等安卓系统智能手机制造商签署了《安卓网络交叉许可协议》；华为和爱立信、苹果和微软、诺基亚和小米等企业之间也有类似的专利交叉授权许可协议存在。

谷歌近年来一直在谋求重返中国大陆市场的机会。2010 年，谷歌针对中国互联网的“过滤审查”机制，要求和中国政府谈判，以期获得其搜索结果不受审查的特权。因该要求没有得到满足，谷歌宣布停止对谷歌中国搜索服务的“过滤审查”，实质上即退出了中国大陆市场。但几年来，谷歌的退出并没有给中国市场带来实质影响，反而给百度等竞争对手的壮大提供了宝贵的机遇。对此结果，谷歌虽未明确表态，但是一直以实际行动为重返中国大陆市场做准备。例如，谷歌增加了其在上海办公室的雇员数量，在北京成立了其在亚洲的第一个人工智能研究中心，在深圳设立了中国大陆地区的第三家办公室。2017 年 3 月，谷歌专门发布了名为谷歌翻译的 App，满足中国客户的翻译需求。谷歌还是2015年对人工智能创业公司Mobvoi和2018年对手游直播平台触手进行投资的重要参与方。一系列行动都表明谷歌在为重返中国大陆市场布局。

第二节　主要内容

2018年1月19日，谷歌和腾讯达成专利共享协议。该协议内容主要是谷歌和腾讯对于彼此享有的多项产品和技术专利授权对方使用。引人注目的是，谷歌和腾讯互享的专利很多都集中于人工智能领域。更进一步的是，双方在协议中还达成了一项共识：双方将联手开发各种新的技术，并且努力拓展双方技术的应用场景范围。

谷歌和腾讯的高管们对此次专利共享协议的签署给予了较高的评价。谷歌的专利负责人Mike Lee表示，通过达成专利共享协议，谷歌可以腾出更多的精力为用户打造更好的产品和服务。腾讯知识产权部总经理徐炎则表示，通过此次与谷歌的合作，将会为全球用户带来更优秀的产品和服务，也会帮助腾讯在优势领域以外拓展其他业务。不过有关专利共享协议覆盖的专利范围和协议的有效期限等具体内容尚未披露。

第三节　主要影响或启示

谷歌和腾讯签署专利共享协议是各取所需。从表面上看，此次谷歌和腾讯签署的专利共享协议带给双方的直接好处是各自获得对方的部分专利授权，但实际上，此次合作包含了二者更多的战略意图。腾讯依靠巨大的用户流量，在中国市场已经处于绝对领先地位，下一步是开拓国际市场。如果腾讯能够获得谷歌的部分专利授权，未来将减少其进军海外市场的相关专利制度的障碍。对谷歌而言，其一直想重返中国大陆市场。但是在过去的几年里，谷歌已经丧失了深耕大陆市场的最佳时机，特别是谷歌最为核心的搜索引擎服务的中国市场份额已经被百度等竞争对手趁势收割。如今谷歌虽有心重返，但是已经难寻合适的切入点。

谷歌选择腾讯而非百度、阿里巴巴，有其合理性。谷歌要想重返中国大陆市场就必须与中国科技公司合作，而具备与谷歌合作资格的只有百度、阿里巴巴和腾讯三家公司。但是，百度首先就要被排除，因为百度和谷歌的核心业务都包括搜索引擎，又都对人工智能领域投下重注，双方的业务范围高度重合，竞争性过强，而且谷歌和百度在之前聚焦于争夺中国大陆地区搜索引擎市场份额，基本没有合作的基础。其次，阿里巴巴的主业是电商平台，与谷歌现有业务的关联性不大。虽然谷歌也可以与阿里巴巴合作，但是短时间内意义不大。最后，谷歌和腾讯的业务有部分重合，如社交和视频等，但这些重合领域并非同时是两家的核心业务，双方在这些领域的竞争关系可以协调。此外，谷歌要重返中国大陆市场，必须重新深度了解当下中国互联网用户的需求，而腾讯的业务涵盖了中国人的社交、出行、支付、娱乐等各个方面，可以为谷歌提供最准确的中国互联网用户画像。因此，腾讯是谷歌的最佳选择对象。

跨国公司必须在中国法律的框架内运营业务。不少媒体把谷歌重返中国大陆市场的试探解读为中国法律的胜利。2010年，谷歌试图凭借其国际影响力与中国法律博弈，要求获得违反公平性的“不受过滤审查”特权。在遭到拒绝后，谷歌又以退出中国大陆市场作为筹码。但是，几年过去了，谷歌的退出并没有给中国的互联网用户带来不可承受的后果，反倒使谷歌丢失了全球最大、最有活力的互联网市场。现在，谷歌通过一系列行动表达了试图重返中国的决心。中国作为市场经济国家，对任何合法经营的企业都秉持开放的态度，但是，中国法律对跨国公司的要求不会变，谷歌要重返中国大陆市场就必须遵循“过滤审查”的法律要求，这是对中国法律的尊重。

第三十三章

昔日电商巨头当当网被海航收购

当当网是我国的资深电子商务平台，曾被誉为“中国亚马逊”。近年来由于经营策略不当，在激烈竞争中渐处劣势。2018 年 3 月 9 日，海航旗下上市公司天海投资宣布，拟收购北京当当网信息技术有限公司及其关联公司北京当当科文电子商务有限公司相关股权。研究此次收购案的背景和经过，能发现当当网在发展过程中存在的诸多痛点，也可窥见我国互联网企业发展的成功经验与失败教训。

第一节　背景

进行商品和服务交易的经济活动已成为世界经济的亮点和新增长点。2016 年，全球电子商务交易规模超 25 万亿美元。我国的电子商务自 1998 年兴起，一直保持快速增长。从 2012 年到 2016 年，我国网络购物用户数从 2.42 亿人增长至 4.67 亿人，电子商务交易额从 8.1 万亿元增长至 26.1 万亿元。2017 年上半年，我国电子商务市场交易额为 13.35 万亿元，同比增长 27.1%。我国网络零售交易额自 2013 年起稳居世界第一，全球十大电商企业中，我国已占据四席。

我国电商领域已形成巨头垄断格局，而当当网声息渐小。阿里巴巴、京东等综合型平台电商已占据我国电商零售市场的主要份额。中国电子商务研究中心数据显示，2017 年上半年，中国 B2C 网络零售市场排名前五的是天猫、京东、唯品会、苏宁易购、国美在线，分别占据 50.2%、24.5%、6.5%、5.4%、4.1%的市场份额。1 号店、亚马逊中国、当当网、聚美优品等平台合计仅占市场份额的 9.3%。可见，当当网已处在市场边缘。即使是当当网的传统核心业务——图书网络销售市场，也已被京东超越。2017 年第三季度，京东以 36.2%的市场份额成为线上图书销售平台榜第一名，当当网的市场份额为 35.1%。

在用户需求升级的新形势下，当当网难以靠图书获得新生。我国电子商务历经十余年发展，网购用户需求已经发生巨大变化。先前，在其他商品领域的用户网购习惯和平台运营模式尚未成熟之时，图书作为日常用品首先被用户接纳，这在相当程度上成了专注于图书电商的当当网的竞争优势。但随着用户需求升级，无论是新零售还是跨境电商，都在挖掘更多的消费场景。当当网想仅靠图书就从强手如云的市场中脱颖而出，难度已然较大。

第二节　主要内容

当当网的发展历程类似一条抛物线，经历了从辉煌到平淡。2010 年以前，当当网曾创造出诸多耀眼成就：于 1999 年进入网络图书市场，赶上了互联网和图书零售业发展的第一波热潮，持续保持较高的增长速度，于 2004 年成为国内第一大网上书店；2010 年，当当网在网上出版物零售市场的份额扩大至 50%；2010 年，当当网在纽交所挂牌上市，当日股价大涨 87%，市值高达 23 亿美元。2010 年以后，我国电子商务环境发生变化，大量企业涌现，当当网在激烈的价格战中开始走下坡路。统计显示，2010 年 10 月—2014 年 9 月，先后有麦考林、唯品会、聚美优品、京东、阿里巴巴等 7 家电商平台赴美上市，行业内竞争激烈。尤其是当当网与京东的价格战，导致当当网主营的图书业务的营收和利润受到严重影响，市场份额被迅速挤压。2016 年，当当网以 5.37 亿美元完成私有化退市，市值不足刚上市时的四分之一。

当当网曾多次尝试转型，终难逃被收购的命运。当当网经历了从“图书电商”到“综合电商”再到“文化电商”的多次转型。2010 年前后，当当网曾转向以服装、家居、化妆品等为核心品类的综合电商，但成效不佳。2013 年，当当网占市场总体份额仅为 1.4%。2015 年前后，当当网以打造“图书+文化”生态圈为目标，开启第二次转型，并实施了升级数字业务、推出自出版平台、开设线下实体书店等一系列新的布局。但在阿里巴巴、京东等企业不断加大投入的竞争情况下，此次转型亦未能扭转困局。

2018 年 3 月 9 日，海航旗下 A 股上市公司天海投资公告宣布重大资产重组，拟收购北京当当网信息技术有限公司及其关联公司北京当当科文电子商务有限公司相关股权。

海航科技相关人士表示，此次收购主要是看中当当网在电子商务领域积累的客户运营经验、大数据和品牌，海航的资源主要集中在B端，面向C端的当当网可以很好地完善海航的“ABCD”（人工智能、区块链、云计算、大数据）战略布局。业内人士认为此举或能实现双赢。一方面，海航可借助当当网的线上资源优势为新业务的开拓快速打开市场；另一方面，当当网可背靠强大的资本在文化消费崛起的时代为顾客提供更加优质的产品和服务。

第三节　主要影响和启示

当当网经营策略不当，多次错失发展良机。一是经营策略保守。当阿里巴巴、京东等平台不惜花重金培养市场、开拓业务时，当当网固守“避免亏损，保持盈利”的策略，过度追求中短期利润，导致其未能及时扩大规模，掉队于一线电商之争。数据显示，2008年京东的销售额仅为当当网的75%，2015年京东的销售额已是当当网的18倍。二是缺乏核心竞争力。当当网多次转型失败，与其较弱的竞争力不无关系。例如，当当网的物流在速度和覆盖范围上与京东相比有较大差距，在成本管理上与亚马逊相比有较大差距。三是迟滞的反应速度。当当网在发力投资服装市场、数字阅读、原创文学等诸多业务时，这些业务领域都已经处在多家实力企业反复的“拉锯战”中，在不具备明显优势的情况下，失败在所难免。

当当网的发展经历对互联网企业发展有两点启示。一是要审时度势，把握策略转折点。互联网行业发展迅速，企业应准确把握“风口”和发展趋势，及时做出改变。以网易邮箱为例，其在带宽资源宝贵的互联网初期，以免费、稳定的产品定位抢占国内市场，在移动互联网时代迅速推出移动产品“邮箱大师”，在通信功能被微信等社交应用替代时，“邮箱大师”又被果断定位为企业办公产品。二是要塑造企业核心竞争力。企业应找准立足之地，不断夯实自身竞争壁垒，以增强自身竞争力。以阿里巴巴、京东为例，阿里巴巴依靠超强的运营能力，将淘宝打造成超级流量池；京东则通过建设自有物流体系，用高效的配送服务赢得了用户，完成了从数码3C到全品类的业务扩张。

第三十四章

阿里巴巴收购饿了么

第一节　背景

新零售成为后互联网时代的风口。2016 年 10 月的阿里巴巴“云栖大会”上，马云在演讲中提出了新零售概念。在互联网时代，用户从线下转移到线上，带来了巨大的发展势能，这些发展势能成就了互联网巨头。随着流量从线下向线上转移的完成，流量势能在行业发展过程当中发挥的作用越来越弱。新零售概念正是在流量红利日益衰减的后互联网时代出现的，通过将集聚在线上大型平台的海量流量再次转移到线下实体店，不仅能够增强线上用户的活跃度和转化率，而且能够为线下实体店输送新鲜血液，让线下实体店获得新的发展动力。新零售开启了一个以新技术的广泛应用为主要特点的新发展时代。

阿里巴巴急于通过拓展本地生活服务与新零售，从而与美团进行竞争。阿里巴巴之所以对外卖市场与本地生活服务如此重视，源于饿了么与阿里巴巴新零售业务的关联性与协同性足够强，有助于其抗衡美团的扩张。美团从团购拓展到餐饮，再到酒店旅游，业务边界不断延伸，也在不断触碰阿里巴巴的核心业务地带。如果不进一步遏制美团的增长态势，其在未来可能会成为阿里巴巴的本地生活服务与新零售战略的劲敌。此次收购完成后，阿里巴巴把餐饮作为本地生活服务的切入点，以饿了么这个本地生活服务最高频应用之一的外卖服务，结合口碑以数据技术赋能线下餐饮商家的到店服务，形成对本地生活服务领域的全新拓展。

此前，饿了么处于内外交困的境地。一是与美团旷日持久的竞争还未分出胜负，滴滴也入局了外卖业务。二是在买下百度外卖后，反而出现“1+1< 2”的效果。在 2017 年 8 月收购百度外卖时，饿了么明确表示，将保留百度外卖品

牌及团队，收购完成后，饿了么与百度外卖将保持双品牌运营。但从 2017 年 9 月开始，陆续有百度外卖技术高层人员“出走”，至 2018 年 3 月，百度外卖原创始团队已经基本出局。2018 年 3 月，国家信息中心发布的《中国共享经济发展年度报告》显示，饿了么在收购百度外卖后的市场占有率不增反降。三是在接受阿里巴巴多轮投资之后，管理团队股份被稀释，这让饿了么实现盈利和独立上市成了泡影。

第二节 主要内容

2018 年 4 月 2 日，阿里巴巴、蚂蚁金服与饿了么联合宣布，阿里巴巴已经签订收购协议，联合蚂蚁金服以 95 亿美元对饿了么完成全资收购。此笔交易成为中国互联网史上最大的一笔现金收购。收购案的背后，实际上是阿里巴巴与腾讯两大互联网巨头之间的竞争。针对新零售领域，双方对局已经全面展开，随着超市领域“选边站队”接近尾声，未来新零售合作有望向零售的其他领域扩展。

事实上，阿里巴巴将饿了么收归旗下早有预兆，从 2016 年起，“阿里系”就参与了对饿了么的多轮投资。2016 年 8 月，阿里巴巴和蚂蚁金服一起向饿了么投资 12.5 亿美元，其中，阿里巴巴投资 9 亿美元。融资完成后，“阿里+蚂蚁”成为饿了么的最大股东，占股比例为 27.99%。彼时，美团和大众点评刚刚完成合并，接下来的新一轮融资又彻底倒向腾讯。2017 年 4 月，阿里巴巴和蚂蚁金服进一步增持饿了么，总投资金额为 4 亿美元,其中，阿里巴巴投资 2.88 亿美元，其余的 1.12 亿美元由蚂蚁金服出资。自此，“阿里系”对饿了么持股总占比达 32.94%，取代饿了么管理团队成为饿了么的最大股东，而部分增持的金额被用在对百度外卖的收购上。

宣布收购后,阿里巴巴方面表示，饿了么将保持独立品牌、独立运营，饿了么的所有合作伙伴及商家的权利都将一如既往地得到尊重。对于备受关注的饿了么创始人张旭豪的去留问题，阿里巴巴将其任命为饿了么董事长，并兼任阿里巴巴集团 CEO 张勇的新零售战略特别助理，负责战略决策支持。阿里巴巴集团副总裁王磊出任饿了么 CEO。

第三节 主要影响或启示

饿了么成为阿里巴巴新零售的重要力量。马云提出的新零售，核心就是通过线上、线下、数据、物流四个方面将互联网技术与传统零售行业进行深度整合，从而实现统一而多元化的价值提供。饿了么的即时配送体系作为新零售重构“人货场”的基础设施，弥补阿里巴巴的短板。2018 年年初，口碑从蚂蚁金服划归至阿里巴巴旗下，确立了阿里巴巴在本地生活服务中的新零售思路。加入阿里巴巴后，饿了么除了继续为口碑提供外卖服务外，其庞大的本地配送网络也为阿里巴巴所用。饿了么打造的“30 分钟生活圈”与阿里巴巴新零售的“三公里理想生活圈”——盒马鲜生 30 分钟到达、24 小时家庭救急服务及“线上下单—门店发货—2 小时到达”等全面融合。

阿里巴巴和美团在新零售领域的竞争将全面展开。外卖市场乃至整个本地生活服务领域正在进化出一个全新的格局。全资收购饿了么后，在整个本地生活服务领域，“阿里系”形成了“饿了么+口碑+盒马鲜生+淘票票+飞猪”的格局，而“美团系”则是“美团外卖+美团点评+掌鱼生鲜+猫眼微影+美团旅行”的布局。事实上，本地生活服务只是美团新零售整体框架的一部分。2017 年 12 月，美团完成 40 亿美元融资后，CEO 王兴通过内部信宣布，在前台业务体系上，由美团点评成立大零售事业群，统筹生鲜零售、外卖、物流配送、餐饮 B2B 等业务。显然，美团的大零售和阿里巴巴的新零售将展开直接竞争。

新零售未来格局和趋势展望。当前，新零售的舞台上基本形成阿里巴巴和腾讯的双寡头格局。当美团成为“腾讯系”之后，阿里巴巴收购饿了么成为必然之举。阿里巴巴与饿了么走到一起，新零售的全面覆盖已然形成，无论是腾讯还是美团，都将面临又一轮的市场争夺战。在线上，“阿里系”依然占据超过一半的国内市场份额，腾讯则通过入股京东的方式，对京东进行扶持，使之成为国内市场占有率第二名的平台。在线下，目前两大阵营轮廓已比较清晰，阿里巴巴阵营主要包括苏宁云商、三江购物、联华超市、银泰商业、新华都、高鑫零售等；腾讯阵营主要包括永辉超市、家乐福中国、万达集团、海澜之家、步步高等。

第三十五章

美团收购摩拜

第一节　背景

共享单车行业陷入“烧钱”死局。国内共享单车历经行业洗牌后，摩拜与ofo两家已占据95%的市场份额，然而，两家企业不仅未实现盈利，反而陷入资金消耗战无法自拔。摩拜E轮6亿美元的融资金额，难抵其“烧钱”速度。ofo出现因资金链断裂而无法退还用户押金的情况，2018年前后两次通过动产抵押换取阿里巴巴17.7亿元借款。在盈利前景扑朔迷离的情况下，部分股东对共享单车的支持有所动摇，投资人甚至呼吁ofo与摩拜合并以实现盈利，新的资本也对共享单车的发展持观望态度，ofo与摩拜获得新一轮融资的难度加大。

美团积极布局出行领域，持续完善本地生活服务。2017年年底，美团宣布公司最新组织升级，围绕到店、到家、旅行、出行四个LBS（Location Based Service，基于位置的服务）场景，构建新到店事业群、大零售事业群、酒店旅游事业群、出行事业部四个业务体系，出行领域俨然成为美团的一个业务方向。美团进军出行领域，源于自身优势和现实需求，据其内部调研，美团点评的2.5亿名活跃用户中有30%的人存在出行需求，进入出行领域可以把该部分需求转化为美团的新业务；长远来看，美团作为新兴独角兽企业，只有不断探索业务的边界，做大“护城河”，才能寻求长期稳定的生存；从短期来看，彼时的美团在上市前，从提高估值的角度，进入出行领域是势所必然的。当前，美团点评已上线打车业务，并在南京、上海等地大范围推广，对滴滴出行业务也造成了一定的影响。

共享单车的流量优势与线下场景受到互联网企业的青睐。目前，我国互联网人口红利和线上流量增长十分缓慢，众多互联网公司都在做深度的线下布局，谋求线上、线下同步发展。共享单车用户规模庞大，具备小额高频交易的特征，据统计，摩拜自成立至今用户达 2 亿人，日均骑行次数超 2000 万次。共享单车超级高频的流量优势，成为互联网企业争夺的出行场景和交易入口。比如，阿里巴巴通过投资 ofo、哈啰单车，积极整合共享单车资源；滴滴在争夺 ofo 控制权无果之后，于 2017 年 12 月收购了“小蓝车”，并于 2018 年 1 月上线自建品牌“青桔单车”；腾讯通过小程序为摩拜提供服务。

第二节　主要内容

2018 年 4 月 4 日，美团创始人兼 CEO 王兴发布内部信，宣布美团全资收购摩拜，并表示摩拜将继续保持独立品牌、独立运营。摩拜方面称，并购相关程序将于近期完成。共享单车在历经行业洗牌后，陷入“烧钱”死局无法自拔，盈利前景遥遥无期。摩拜作为共享单车行业的领头企业被收购， 一方面暴露了我国共享单车行业发展中存在的问题，另一方面也为其他“共享经济”行业发展提供了经验和启示。

第三节　主要影响或启示

共享单车行业陷入“烧钱”死局有两方面原因。一是其“伪共享”的性质。传统的共享经济本质是把自身变成一个够轻的平台，连接供需两端，如滴滴、Uber 等网约车平台及短租领域的 Airbnb 和小猪短租等，这些企业自身对被出租的资产并不具有所有权。而摩拜与 ofo 自有单车租赁的重资产模式，随着投入的增多，成本越来越不可控。据报道，摩拜的单车损耗率在 10%左右，ofo 的单车损耗率高达 20%；在沈阳，摩拜的单车丢失率高达 25%。二是缺乏核心壁垒。共享单车的技术门槛较低，难以形成独有的竞争壁垒，起初摩拜的物联网智能锁技术曾领先于 ofo，现在这一优势不复存在。此外，摩拜与 ofo 在打造品牌差异化认知、吸引用户黏性等方面也未形成足以击退对方的“护城河”。垄断性地位难以稳固，其面临的竞争就无法停止。

此收购案对共享单车行业发展有重要意义。第一，有助于行业结束非理性竞争，回归正常发展。共享单车自出现以来，各个共享单车企业一直处于针尖对麦芒、拼扩张、攻城略地、广告大战、声势 PK 等形式的“互怼”中，摩拜融入美团生态，有机会借助美团更强大的资本力量和运营能力，摆脱资本控制，展开精细化运营，回归到创造价值和解决问题的层面。第二，意味着共享单车商业模式的转变。摩拜单车与 ofo 这两家在领域中领先的企业用结果证明，共享单车依靠业务本身盈利的商业模式是行不通的，共享单车融入美团，将不再局限于单车租赁本身，而是将通过服务于更大格局的出行市场，以生态协同效应创造商业价值，走向“赚取流量—服务生态—生态盈利”的发展模式。

此收购案有助于我国共享经济“退烧”和回归理性发展。共享单车的火爆曾引发我国共享经济狂潮。中国电子商务研究中心监测数据显示，2017 年我国共享经济市场规模已达 52850 亿元。然而，通过大量资本的支持来扩大规模，以价格补贴的模式获得黏性用户，并在此基础上寻求盈利切入点，是我国多数共享经济平台的发展思路。摩拜作为共享单车的领头企业被收购，有助于我国各类共享经济企业停下来思考行业发展中存在的问题，使我国共享经济理性发展。

第三十六章

阿里巴巴收购中天微

第一节　背景

近年来，阿里巴巴一直在芯片领域投资布局。2015 年，阿里巴巴宣布与杭州中天微系统有限公司（以下简称中天微）合作，开发云芯片（Yun on Chip）架构以面向物联网各细分领域。2016 年 1 月，阿里巴巴入股中天微成为其第一大股东。2016 年 11 月，阿里巴巴领投了可编程芯片公司 Barefoot Networks 的 C 轮融资，融资额高达 2300 万美元。2017 年 8 月，阿里巴巴投资了寒武纪近 1 亿美元的 A 轮融资，后者是一家成立于 2016 年的人工智能芯片公司。2017 年 10 月，蚂蚁金服领投深鉴科技。2017 年 11 月，阿里巴巴领投了耐能公司，该公司成立于 2015 年 11 月，其前身 Skyvine 成立于 2014 年 6 月，是一家总部位于智利圣地亚哥的人工智能公司，主打轻量级的神经网络处理单元芯片。由此可见，阿里巴巴近两年来在芯片领域投入频繁，涉及区块链、边缘计算、新型存储等细分领域。

中天微是我国当前唯一的基于自主指令架构研发嵌入式CPU并实现大规模量产的CPU供应商及集成电路设计公司，核心业务包括设计开发 32 位高性能低功耗嵌入式 CPU 和芯片架构授权。从 2001 年成立开始，经过多年钻研，中天微已经能够提供定制化的 CPU IP 核及相关的 SoC（系统级芯片）设计开发平台、软件工具链和集成开发环境。据媒体报道，中天微已经累计生产特定芯片 7 亿多枚，这些芯片广泛应用于物联网智能硬件、数字音视频、信息安全、工业控制及汽车电子等多个领域。

我国政府一直积极扶持集成电路产业发展。2014 年，国务院发布了《国家集成电路产业发展推进纲要》，为中国集成电路产业的发展规划了顶层设计。

同年 9 月，政府设立国家集成电路产业投资基金，用来支持相关项目，鼓励我国集成电路产业的发展。2018 年 4 月 16 日，美国政府宣布制裁中兴，引发了舆论热议和行业震荡，再次凸显实现芯片自主可控的必要性和迫切性。

第二节　主要内容

2018 年 4 月 20 日，阿里巴巴宣布全资收购中天微。阿里巴巴 CTO（首席技术官）张建锋表示，IP Core 是基础芯片能力的核心，进入 IP Core 领域是中国芯片实现“自主可控”的基础，因此，收购中天微是阿里巴巴芯片布局的重要一环。中天微创始人严晓浪则表示，希望通过阿里巴巴的技术平台和生态系统整合能力，推动中天微芯片大规模商用。

第三节　主要影响或启示

目前，虽然在技术上依然落后于美日韩及欧洲发达国家，但中国的集成电路产业仍保持飞速发展的良好趋势。自 2014 年政府为扶持集成电路产业发展，规划了系统科学的顶层设计以来，借助于我国集中力量干大事的制度优势，中国的集成电路产业取得了不俗的发展成绩。在产业规模上，以 2016 年为例，全国集成电路产量为 1329 亿块，同比增长 22.3%；销售额为 4335.5 亿元，同比增长 20.1%，远高于全球 1.1%的增长速度。在技术层面，紫光、中芯国际、长电科技等均取得了突破性成果。值得一提的是华为的麒麟芯片，从 2014 年华为的高端旗舰机型 Mate7 到 2015 的全新旗舰机型 P8 均采用了该芯片，而两者在市场上的不俗表现，说明麒麟得到了用户和业内的肯定。我国政府与行业更加坚定了创新发展集成电路产业的决心，产业发展的良好势头进一步得到巩固。

通过持续不断的投资，阿里巴巴已经在芯片乃至人工智能领域取得了诸多优势。第一，在芯片的生产设计层面，随着中天微被阿里巴巴全资收购，加上此前投资的寒武纪、深鉴科技、Barefoot Networks、Kneron 等企业，除了华为、百度等巨头外，国内的人工智能芯片几乎已经全数纳入阿里巴巴的版图内。第二，阿里巴巴投资的公司拥有的芯片技术覆盖了服务器端和智能终端。例如，寒武纪出售的人工智能芯片主要针对服务器端，深鉴科技的技术长于安防，耐能的杀手锏则是轻量级的 NPU（神经网络处理单元）芯片，主要应用于智能家居和物联网，服务于人工智能终端。第三，阿里巴巴收获了众多技术人才。阿里巴巴投资的企业分布地域广泛，不仅遍布国内的北上广深等科研一线城市，还在英美等国家和地区设立了公司。

发展集成电路产业要坚持投资收购和自主研发“两手硬”。阿里巴巴拥有巨大的现金流，不断收购诸如饿了么等新兴独角兽企业，扩展其业务版图。但在集成电路产业，仅靠投资收购难以奏效。集成电路产业是技术密集型产业，且有强者愈强的效应。目前此领域技术先进的都是欧美企业，几乎没有被收购的可能。国内的芯片企业虽然易于收购，但是由于芯片技术与国外的代次落后太多，即使收购也没有立竿见影的竞争力，且后续对被收购企业的技术和团队的整合重组耗时较长，阿里巴巴也清醒地认识到了这一点。2017年10月，阿里巴巴成立了达摩院，并将芯片技术作为重点研究领域；2018年4月19日，达摩院宣布正研发一款神经网络芯片——Ali-NPU。显然，在芯片的研发上，阿里巴巴已经走在了“两手硬”的道路上。

第三十七章

饿了么获批中国首条外卖无人机航线

2018 年 5 月 29 日，饿了么在上海举行无人机商业飞行发布会，宣布其获准开辟中国第一条外卖无人机即时配送航线。此举是推动饿了么“未来物流”战略落地的重要一环，也标志着饿了么外卖送达进入“20 分钟时代”。外卖行业启用无人机配送可以显著缩短配送时间和降低配送成本，但无人机配送的大规模应用必须先解决航线规划和安全性等难题。

第一节　背景

2017 年 11 月 21 日，饿了么正式发布富有科技感的“未来物流”战略，表示人工智能和“OMO”（线上、线下全面整合）将会助力即时配送行业，使外卖配送行业诞生了商家自配送和劳动密集型配送平台的第三代配送形态——技术密集型配送平台。饿了么的“未来物流”战略的核心就是打造以用户体验为中心、创新科技为动力、智能系统为基础的即时配送体系。该战略具有三个阶段性目标：“智能调度”、“人机配送”和“无人配送”。此次饿了么获批无人机航线标志着“未来物流”战略已经顺利步入第二阶段。

饿了么一直在自行研制无人机，取得了一定的成果。2017 年 9 月，饿了么的无人机在世界无人机系统大会上首次公开亮相。据了解，这款无人机是饿了么内部研发的第 3 代产品，名为“E7”。E7 在各种核心指标上都达到了实际应用水平，最高飞行速度为 65km/h，最大载重 6kg，满载续航距离达 20km，其挂载的外卖箱采用气柱材料特制，自重仅 485g，为全球同类外卖箱中最轻的，容积可达 20L。取得这样成果的背后是饿了么无人机已累计数千次的试验飞行，最终成功攻关了运输功能、飞行表现、载重性能、环境适应性、电磁兼容性等多项关键技术。

同时，京东和顺丰已经拿到空域批文。2017 年 6 月，顺丰与江西省赣州市南康区联合申报物流无人机示范运行区的空域申请，得到了东部战区的同意批复，成为国内第一家获得正式批复的企业。2017 年 8 月 29 日，京东集团在陕西省完成无人机项目落地的签约；同一天，陕西省向京东颁发了覆盖陕西省全境的无人机空域书面批文。京东从而获得了国内第一张覆盖全省范围的无人机空域批文。

第二节　主要内容

饿了么获准开辟中国第一批无人机即时配送航线，此举标志着无人机配送正式投入商业运营。在无人机试运营期间，饿了么用户从下单开始，平均仅需 20 分钟即可收到外卖。本次获准飞行的外卖无人机航线共 17 条，均位于上海金山工业园区内，合计覆盖面积 58 平方千米，服务外卖商家 100 多家。在配送过程中，无人机主要承担集散点 A 到 B 的干线运输，两名骑手则分别负责将外卖餐点装运上飞机和将餐点最后送达消费者手中。

饿了么表示，首批无人机航线的启用，标志着饿了么“未来物流”战略的落地迈出重要一步，即时配送行业加快从劳动密集型向技术密集型进化。饿了么外卖送达进入“20 分钟时代”。

第三节　主要影响或启示

外卖无人机配送可以显著缩短外卖配送时间和降低外卖配送成本。一方面，配送时效是影响外卖用户评价的关键要素，也是各外卖平台增强竞争力的重要着力点。在目前的外卖配送体系下，骑手是主要配送力量，为了缩短配送时效，只能要求骑手发挥主观能动性，如增加骑速、熟悉道路等。在这一系列操作的衍生下，违反行驶交通规则以求“抄捷径”的行为就成了家常便饭。无人机投入外卖运输后，主要承担外卖集散点之间的干线运输，骑手在运输干线上骑行的频次下降，可以有效舒缓交通拥堵及随之而来的时效滞后问题。另一方面，由于当前外卖平台主要靠传统的人工运输模式，为了保证运输规模和时效，必须维持规模庞大且不断扩张的骑手队伍。外卖平台需要承担相应的劳动力成本，以及事故发生后的资金垫付和损害赔偿。据《每日经济新闻》报道，当外卖无人机投入使用后，外卖无人机的飞行距离约占配送全程的 70%，平均可为每名骑手节省超过 50km 的路程。未来如果在陆地运输端再辅以无人配送车，则现有骑手的数量可以逐步削减，帮外卖平台节省大量人力成本。骑手数量下降，则平台因交通事故而支付的赔偿金数额也会减少。

外卖无人机配送大规模应用要解决航线规划和安全性等难题。本次饿了么获准飞行的航线有17条。城市管理机关采取“批准”式的审慎态度是合理的，毕竟如果无人机航线完全放开，无人机在城市满天飞的场景就会出现，届时不仅有碍城市的观瞻，还会导致城市上空时刻飘浮着潜在的“高空坠落物”，带来巨大的安全隐患。为了解决这些问题，无人机航线必须由城市管理部门审核批准。同时，无人机配送应主要应用于运输干线，不要希冀其在短时间内能够实现“商户到用户”的全覆盖。关于无人机可能发生的安全事故，首先要区分导致事故发生的原因。大致有三类：一是无人机制造商在制造环节存在技术瑕疵；二是平台使用操作不当；三是其他人在无人机配送过程中故意实施干扰。针对上述三类情形，对因无人机及外卖高空坠落的受害者承担赔偿义务的分别是制造商、平台和第三人。但是从迅速救济受害者的实际需要出发，应当允许受害人直接向平台索赔，平台有先行垫付的义务，事后可向实际责任者追责。

第三十八章

谷歌投资京东

第一节 背景

国内电商企业国际化步伐加快。2015 年以来，随着国内电商市场趋于饱和以及我国电子商务发展模式与技术走向成熟，国内电商企业纷纷进军海外市场。阿里巴巴于 2015 年进入印度市场，并投资 Paytm 旗下电商平台。2016 年，阿里巴巴以 10 亿美元控股东南亚电商平台 Lazada。2018 年，阿里巴巴全资收购巴基斯坦电商公司 Daraz。京东也于近几年开启国际化进程。2016 年，京东在印度尼西亚上线自建电商平台 JD.id。2017 年，京东与泰国最大的零售企业合作，面向泰国和东南亚地区推出新的线上零售平台。2018 年 1 月，京东战略投资越南电商平台 Tiki。2018 年 4 月，京东上线西班牙语网站 Joybuy.es，为西班牙市场与拉美地区提供服务，京东还计划进入欧洲市场。

谷歌与亚马逊的竞争日益加剧。亚马逊与谷歌在多个领域存在竞争，近年来，亚马逊发展迅速，不仅在云计算与电子商务上"完胜"谷歌，在谷歌依赖的数字化广告业务领域也对谷歌形成了挑战。"互联网女皇"玛丽·米克尔在 2018 年发布的《互联网趋势报告》中称，有 49%的用户通过亚马逊搜索商品，而通过搜索引擎搜索商品的用户只有 36%。另一组公开数据显示，在过去五年的美国市场，亚马逊已经超越了谷歌成为多数用户在购物时首选的搜索引擎，直接在亚马逊搜索并浏览商品的美国人的比例增长到了 34%，而优先使用谷歌的比例则只有 20%，而在 2012 年这两个数字均为 25%。

京东面临日益严峻的压力。京东历来以"高速增长"著称，不过近年来，京东无论是在营收、商品交易总额（GMV）增速、用户增长、还是在市场份额方面，都面临着严峻的挑战。在营收方面，京东净营收增速逐年放缓，据统计，2014 年至 2017 年，京东的营收增长分别为 67.39%、58%、43%和 40.3%。在市场份额方面，公开数据显示，2017 年第三季度、第四季度及 2018 年第一季度，京东的市场份额分别为 26.9%、25.6%及 25.3%，市场份额连续三个季度下跌。与之对应的是，阿里巴巴在体量大于京东的前提下，2018 年第一季度营收同比增长 61%，市场份额也一直稳居第一。这意味着，京东在国内市场竞争中面临着严峻的增长压力，即使此前京东与腾讯通过“电商+流量”的合作方式及“京 X 计划”取得了一定的成效，但依旧没能解决增长问题。

在此背景下，2018 年 6 月 18 日，京东与谷歌联合宣布，谷歌将以 5.5 亿美元现金投资京东，获得 27106948 股新发售的京东 A 类普通股。此案一方面源于我国电商巨头国际化步伐加快，另一方面源于谷歌与京东各自面临日益严峻的挑战。此热点将为我国互联网企业拓展海外市场带来经验。

第二节　主要内容

2018 年 6 月 18 日，谷歌以 5.5 亿美元现金投资京东。根据协议，谷歌将获得 27106948 股新发售的京东 A 类普通股，发售价为每股 20.29 美元，等值为每 ADS（美国存托股票）40.58 美元，该价格为前 10 个交易日的交易量加权平均价格，这一价格比彼时的上一个周五收盘价折价约 6.9%。

双方公告称，谷歌和京东将进行一系列的战略项目合作，其中一项是与包括东南亚、欧洲在内的全球多个地区合作开发零售解决方案。结合京东在供应链、物流领域的专业能力与谷歌的技术优势，双方将携手探索打造下一代零售基础设施解决方案，为消费者提供有价值、个性化、流畅便捷的购物体验。

京东与谷歌的合作，一方面减少了两家企业在各个国际区域市场的竞争摩擦，另一方面通过“谷歌购物（Google Shopping）”，让京东直接获得了谷歌巨大的线上流量，有助于其快速拓展海外市场。

第三节　主要影响或启示

双方优势互补是促成此次结盟的关键。京东选择谷歌看中的是谷歌作为全球最大的流量入口之一的地位。京东需要借此巨大流量来推动自身电商业务的增长。谷歌作为全球最大的流量入口之一，有流量变现的需求，选择与京东合作，一是看重京东在电子商务领域的物流仓配一体化的核心竞争力，京东物流已在全球五大洲设立超过 110 多个海外仓，原产地覆盖率达到 100%；二是看重其“商品信息”，商品信息是搜索引擎转化价值最高的内容，随着亚马逊在美国第一网上购物入口地位的确立，谷歌需要更多的“商品信息”来转化为价值。

谷歌投资京东，旨在布局新零售。新零售已成为各大互联网巨头必争之地，谷歌也不例外。2017 年以来，谷歌联合多家实体零售商推出“Shopping Actions 计划”应对对手亚马逊，2018 年，谷歌赞助了全球最大的电商和零售创新会议——美国 Shoptalk 2018 大会，在零售领域的合作伙伴已经超过了 50 家。此外，谷歌还与法国连锁超市家乐福合作，探索通过智能语音交互下的购物场景，意图通过这一模式，将自己从一个广告商、流量入口的角色转变为下一代零售业态中的基础设施。谷歌投资京东，是其新零售布局中的一个典型案例。

我国企业在开拓海外市场时应注重优势资源互补，而非“蛮力”开拓。海外市场的商业价值逐渐被中国互联网企业洞悉，企业纷纷将出海作为重要的战略规划。然而，我国互联网企业在出海过程中存在诸多困境，主要表现是对当地的创业氛围、商业环境等不熟悉，由此耗费了较大的人力、物力与财力，也难以形成较强的本地化服务能力。因此，企业在出海过程中可借助其他企业已有的资源优势与经营优势来弥补自身的短板，与其他企业共同开拓海外市场。

我国科技企业的国际化发展战略已经从“你中有我”逐渐向“我中有你”过渡。随着我国互联网的快速发展，互联网企业近年来不断在海外“开疆拓土”，在国际市场上的角色定位和商业价值逐渐提升。在中国互联网巨头们的“话语权”越来越大的情况下，吸引海外企业与之合作是必然的趋势，世界上最大的搜索引擎入股中国知名的网络零售商，是中美互联网巨头的第一次“合纵连横”，双方基于各自优势共同开拓全球市场，是我国互联网企业国际化发展走向“我中有你”的良好开端。

第三十九章

百度发布首款人工智能芯片“昆仑”

第一节　背景

人工智能芯片是人工智能发展应用的重要支撑。随着人工智能的快速发展，以中央处理器（CPU）为主的传统通用计算芯片已无法满足人工智能深度学习算法的任务需求。因此，适用于人工智能海量数据并行计算的专用芯片逐步兴起，形成了图形处理器（GPU）、现场可编程阵列（FPGA）、专用集成电路（ASIC）三大主流技术路线。其中，GPU 是较为成熟的通用型人工智能芯片，FPGA 和 ASIC 则是针对人工智能需求特征的半定制和全定制芯片。在此基础上，采用“CPU+专用芯片”的异构计算模式可基本满足现阶段的计算需求。未来，人工智能芯片将朝着突破“冯·诺依曼结构”的方向持续发展，推动实现计算能力的巨大跃升，以满足人工智能计算需求的急剧增长。

人工智能芯片成为各方竞相布局的焦点。近年来，人工智能芯片产业的迅速崛起吸引了全球范围内传统芯片企业、互联网企业、初创企业等的积极布局。英伟达、英特尔等传统芯片企业凭借技术和市场积累，积极研发人工智能芯片，并快速拓展在自动驾驶、安防等领域的应用，已成为人工智能芯片产业的主导力量。谷歌、百度等互联网企业则基于自身的数据、算法和应用优势，向人工智能芯片领域跨界延伸，有力推动了人工智能芯片的“软硬融合”和生态建设。美国公司 Cerebras Sgstems 和我国寒武纪等初创企业充分利用人工智能专用芯片进入壁垒相对较低、技术路线尚未锁定的时间窗口，立足于人工智能细分领域，实现了在特定场景下的应用突破，成为人工智能芯片领域重要的技术创新力量。

百度是国内最早布局人工智能的企业之一，依托其搜索引擎积累的庞大的用户数据，在深度学习、人机交互、计算机视觉、语音识别、自然语言处理等方面开展基础技术研究，拥有近3000项人工智能相关技术专利。此外，百度推出了百度识图、百度无人车、百度无人飞行器等相关产品，在自动驾驶、智能家居、智慧城市、工业制造等领域开展应用。百度是我国第二代互联网巨头之一，然而在移动互联网时代逐渐呈现出相对落后的态势，因而其将人工智能作为扭转颓势和打造未来核心竞争力的关键，推动由互联网公司向人工智能公司的战略转型。

在此背景下，2018 年 7 月 4 日，百度对外发布首款人工智能芯片“昆仑”。“昆仑”可在 100W 以上的功耗下提供 260 万亿次/秒的运算能力，达到业内领先水平，可满足云端人工智能训练和推理需求，应用于数据中心等云端场景和自动驾驶等终端场景。“昆仑”的发布将有助于百度提升人工智能垂直整合能力，完善人工智能生态体系布局，并有望推动引领国内云端人工智能芯片的创新发展。

第二节　主要内容

百度于2018年7月4日发布的人工智能芯片，包含训练芯片“昆仑 818-300”和推理芯片“昆仑 818-100”。“昆仑”采用三星 14nm 工艺，包含数万个核心，内存带宽为 512GB/s，运算能力极强。据百度介绍，“昆仑”基于百度已有的人工智能加速器，通过 20 多次迭代而来，可高效满足云端和终端的人工智能训练、推理需求。

据百度表示，“昆仑”既将实现对数据中心、公有云等云端场景的全覆盖，也将用于满足自然语言处理、语音识别、自动驾驶等终端场景的计算需求。百度在人工智能领域布局广泛，其 DuerOS 和 Apollo 生态已经初具规模。此次“昆仑”若能成功落地，有望形成人工智能芯片与平台应用相互促进的良性循环。

第三节　主要影响或启示

“昆仑”是百度在人工智能领域持续积累的结果，意在打造完整的生态体系。早在 2011 年，百度已开始将 GPU 和 FPGA 应用于搜索、语音、图像等核心业务。2017 年，百度发布基于 FPGA 的云计算加速芯片 XPU，成为国内第一家发布自有芯片的互联网企业。与此同时，百度参与领投光学人工智能芯片初创公司 Lightelligence，以及与华为、ARM、英伟达等在人工智能芯片上开展技术合作，积累了较为丰富的经验。此次发布“昆仑”是百度厚积薄发、完善布局的必然之举。当前，国内人工智能芯片企业大多是在终端推理所需的人工智能芯片上取得了一定突破，并致力于向云端的训练和推理环节拓展延伸。在此背景下，“昆仑”若能基于百度的数据和算法优势，真正实现云端全场景覆盖，将显著提升百度的人工智能垂直整合能力，有助于打造融合人工智能芯片、深度学习框架和应用场景的“三位一体”生态体系，并可引领国内云端人工智能芯片的发展。

“软硬结合”和生态构建将成为“昆仑”未来发展的重点和难点。与传统通用计算芯片相比，更为密切的“软硬结合”是人工智能芯片提供更高运算能力的重要手段。例如，谷歌开发了人工智能芯片 TPU，该硬件产品不单独对外销售，而是专用于谷歌的 TensorFlow 深度学习框架，部署在 Google Compute Engine 云计算引擎平台上，形成了十分强大的数据中心加速能力。与此类似，未来“昆仑”也需与深度学习框架 PaddlePaddle、百度大脑等实现深度融合才能最大限度地发挥性能，实现对语音、图像、自然语言处理等领域的底层技术优化。在此基础上，推动形成基于“昆仑”的应用开发生态至关重要。当前，百度在自动驾驶、智能家居等领域持续深耕，打造了 Apollo、DuerOS 等平台，并集聚了一批国内外生态合作伙伴。未来，将“昆仑”植入百度人工智能生态体系，打造基于“昆仑”的应用开发生态体系，形成“芯片—云端/终端—应用—服务”生态闭环是实现“昆仑”价值最大化和提升百度人工智能核心竞争力的关键。

应理性认识我国人工智能芯片的产业现状，持续推动产业创新发展。近年来，我国在人工智能芯片领域不断取得创新突破。在市场研究和咨询公司 Compass Intelligence 近期发布的全球人工智能芯片公司 24 强排行榜中，我国已有海思等 7 家企业上榜。此外，包括百度、阿里巴巴在内的平台型企业也纷纷基于数据、算法和应用优势宣布进军人工智能芯片领域。当前，人工智能芯片的蓬勃发展将有力推动我国人工智能和集成电路领域的技术与产业创新。同时应充分意识到，我国在集成电路领域积累薄弱，人工智能芯片技术研发和商业落地与国外相比仍存在差距，而底层软件和硬件技术、应用开发生态体系建设等方面的差距更大。因此，我国应深耕人工智能芯片基础架构技术，加大对基础和前沿领域的布局研究，构建人工智能芯片产业生态体系，提升产业应用能力，提升市场影响力和国际话语权。

第四十章

阿里云推出 ET 工业大脑开放平台

第一节 背景

当前，全球制造业处于重大变革阶段，传统制造业加速向智能化方向发展，国内制造业正处于由大变强的关键时期。习近平总书记在党的十九大、全国网络安全和信息化工作会议等多个场合反复强调要推动互联网、大数据、人工智能和实体经济深度融合，彰显出党中央贯彻新发展理念、建设现代化经济体系的坚定决心。“十三五”规划以来，新一代信息技术对带动传统产业转型升级、促进新产业、新业态的发展作用日益凸显，“两化融合”取得显著成效。新一代信息技术以其创新性、包容性和渗透性，已成为提升国家科技创新实力、增强产业核心竞争力和综合能力、推动加快构建现代化经济体系及社会经济高质量发展的最重要的动力引擎。

阿里云从 2016 年开始就在工业制造领域进行了探索和实践。2016 年年初，阿里云服务团队和 ET 人工智能团队合作，启动了云博士机器人的项目，旨在用人工智能技术提升用户的服务体验。2016 年 8 月，阿里云通过大数据分析技术打造协鑫光伏切片智能工厂。苏州协鑫光伏科技有限公司（以下简称协鑫光伏）是阿里云的第一个制造业客户，阿里云将其车间的所有端口数据标准化，通过人工智能算法对所有关联参数进行学习计算，精准分析出与良品率最相关的 60 个关键参数，从而搭建参数曲线，在生产过程中实时监测控制变量，进而实现提高良品率的目标。经过 6 个月的努力，阿里云帮助协鑫光伏试点车间实现了1%的良品率提升，相当于每年可以为协鑫光伏节省生产成本上亿元。2016 年年底，阿里云与华中数控公司签订《智能制造新模式框架合作协议》，双方结合各自的技术优势聚焦基于工业云的大数据智能应用平台，服务于其他中小型制造企业。

阿里云 ET 工业大脑在助力传统制造业企业转型过程中成果斐然。2017 年 3 月，阿里云正式发布 ET 工业大脑。2017 年年底，阿里云将全国工业云总部落户广州，宣布在广东搭建阿里云工业互联网云平台，将 ET 工业大脑与广东制造业融合，推动广东制造业向智能制造转型升级。目前，ET 工业大脑已经参与到新能源、化工、环保、汽车、轻工业、重工业等不同制造领域的工作中，成功服务于协鑫光伏、中策橡胶、天合光能、正泰新能源、攀钢集团等数十个工业细分领域的龙头企业，帮助企业创造利润数十亿元。

第二节　主要内容

2018 年 8 月 1 日，阿里云在杭州发布 ET 工业大脑开放平台。基于该平台，合作伙伴可以轻松实现工业数据的采集、分析、挖掘、建模，并且快速构建智能分析应用。ET 工业大脑开放平台将开放 3 大行业知识图谱、19 个业务模型、7 个行业数据模型及 20 多个行业算法模型。同时，合作伙伴可以在该平台上进行编程，将行业知识、大数据能力、人工智能算法便捷地融合到一起，为工厂量身定制智能应用。对于企业来说，在 ET 工业大脑开放平台上，只需两步就可以实现数据的采集与连接：一是通过平台上的“数据工厂”实现企业生产数据的快捷上云；二是基于平台上的“AI 创造间”训练出适合自家工厂的专属智能应用。未来 3 年，阿里云将面向工业领域具有核心竞争能力的厂商招募上千家合作伙伴，以实现阿里云对智能制造成功案例的规模化复制，实现对合作伙伴的完整赋能，加速推动我国制造业企业的数字化转型。

第三节　主要影响或启示

阿里云 ET 工业大脑开放平台将行业知识、数据汇聚起来，并在人工智能技术的支持下重新关联和重构，从而带来价值。与其他领域相比，将人工智能技术应用到工业生产的复杂度更高，而 ET 工业大脑的技术支持是阿里云自主研发的云计算操作系统“飞天”，是服务全球的超大规模通用计算操作系统，可将遍布全球的百万级服务器连成一台超级计算机。基于自身的技术优势，阿里云 ET 工业大脑开放平台可以轻松实现工业数据的采集、分析、挖掘、建模，并且重新关联和重构行业知识和数据，用人工智能技能技术的嫁接帮助企业更好地挖掘自身的数据价值。在阿里云定位中，ET 工业大脑通过智能算法和自身强大的计算能力，让企业的设备和机器能够感知、传递和自我诊断问题，从而达到提升效率、降低生产成本的目的。

阿里云 ET 工业大脑开放平台将大数据和人工智能等技术应用于生产线，为制造企业的生产线提供“配方”，帮助生产企业实现生产流、数据流与控制流的协同，提升生产线效率，同时降低生产成本。在这个过程中，ET 工业大脑还将对传统工业流程制造环节进行最小的、充分的抽象，使模型具备普适性和可复制性。当前，我国正处于建设制造强国和网络强国的关键时期，要准确把握新时代“两化融合”的新内涵和新特征。此次阿里云开放 ET 工业大脑平台对于推进“两化融合”、促进制造业整体转型升级和高质量发展意义重大。

阿里云 ET 工业大脑开放平台将助力制造企业建立新智能工厂，以自主可控的路径实现智能制造。站在智能制造的风口，企业需要变革的并不只是某一条自动化生产线，更需要通过“大脑”的智能化来寻找利润持续增长的新路径。阿里云 ET 工业大脑通过工厂原有设备的传感器，辅之以智能算法和强大的计算能力，让工厂车间可以通过 ET 工业大脑的分析能力来提升效率和精密工艺，从而构建新的智能工厂。ET 工业大脑还可以快速训练出企业专属的工业智能，即利用来自数据工厂的数据，根据业务经验得出企业专属的工业智能应用。当前，制造企业正在积极向数字化转型，在新一轮工业革命中，制造企业需要借助像 ET 工业大脑开放平台这样的智能平台来实现智能制造。

第四十一章

“杀熟”乱象暴露大数据治理短板

在大数据盛行的今天，人们在担忧个人隐私的泄露被企业用来作恶以外，还有一种利用大数据牟利的方式让人不悦，那就是商家基于大数据的“千人千面”：对已经养成消费习惯的老顾客暗中提高销售价格，坑害消费者利益，此类行为被称为大数据“杀熟”行为。大数据“杀熟”行为具有很强的隐蔽性，没有人能完全知道无良企业在“数据黑箱”里究竟装了哪些运算法则，也没有人能够在智能计算定义运行的经济社会中“独善其身”。在运用好大数据的同时，加强大数据发展治理，谨防大数据对人们的生活造成的新困扰已经刻不容缓。

第一节　事件现状

一、大数据“杀熟”行为坑害消费者权益

此前，微博网友爆料自己是某网站中某酒店的常客，偶然发现购买价为 380 元的房间，其他用户只需要 300 元就能订购，并用朋友账号测试后证实此情况。该消息一经发酵，瞬间引来大批网友共鸣。电商“杀熟”行为不仅存在于酒店预订中，在打车、通信套餐、电影订票、网络购物等线上消费中皆有。基于大数据的千人千面，通过出让部分个人隐私帮助企业做最优决策本是利于双方互利共赢的事情，但很多无良企业却利用了大数据这个利器给消费者的每次行为打数据“标签”，从而打上千甚至上万个“标签”，然后利用这些“标签”和消费者的消费习性牟取不正当利益。

二、大数据“杀熟”行为给新零售发展蒙上阴影

给予新用户低价是有效的拉新手段，在流量红利见顶、电商获客成本高的当下，用低价把新用户留存成老用户，在用户消费习惯形成后提高价格，已经成为商家获取更高利润的惯用手段。部分线上平台对熟客的高定价将打乱线上消费节奏。如果大数据为用户带来的不是收益而是损失，将会引发大部分用户采取保守消费策略。在新零售火爆的当下，线上消费作为牵头者，积累了数量庞大的消费大数据优势，是其能够引领消费的有力保障。出现大数据“杀熟”丑闻，将影响新零售中用户对大数据这个工具的态度，造成更为严重的不良影响。

第二节　问题分析

一、法律法规不够健全

根据《中华人民共和国价格法》（以下简称《价格法》）规定，经营者提供相同商品或者服务，不得对具有同等交易条件的其他经营者实行价格歧视。由于该法律未针对“同等交易条件”条款进行详细解释，网络平台根据地理位置、手机型号、浏览记录、消费记录做的差别定价并不能和价格歧视画上等号。传统消费领域普遍采取统一阶梯定价，与已存在的会员折扣、“两杯半价”、消费者自行砍价等差别定价类似，线上消费基于“大数据”技术采用新型的差别定价规则，虽然具有很强的隐蔽性和不可预测性，但本质上都在《价格法》的允许范畴里。此外，《中华人民共和国网络安全法》和《互联网信息服务管理办法》等相关网络信息类法律法规，对大数据“杀熟”行为也没有明确定论。由于《价格法》等相关法律法规的不完善，进一步导致企业在利用大数据“杀熟”行为方面，除了可能会被消费者偶然察觉，从而饱受舆论谴责之外，免去了触犯法律法规的担忧，从而使其行为更加有恃无恐。

二、监管治理手段滞后

与传统差别定价相比，基于大数据的“杀熟”行为具有更强的隐蔽性，具有“千人千面”的特点，个体用户难以直接发现，即使察觉，比例也相当低。面对具有网络化超控、动态变化、隐蔽性强等特征的大数据“杀熟”行为，传统线下检查、事后处置监管治理模式几乎束手无策，并存在发现率低、取证难度大、查处成本高等大问题。正是因为大数据“杀熟”行为具有上述特点，使得部分企业在大数据“杀熟”方面跃跃欲试，有的企业甚至抱着侥幸心理，打

着大数据分析利用的幌子，肆无忌惮地坑害消费者。提升大数据发展治理能力，急需推进政府监管治理体系的信息化。

三、社会监督服务缺乏

社会对企业大数据分析应用的监测、评估、评价服务缺失，使得企业利用大数据不当牟利更加有恃无恐。针对企业大数据分析利用的网络监测工具的缺乏，如跨平台的网络比价软件等，使得普通消费者几乎成了无良商家的“鱼肉”，很难发现大数据“杀熟”行为，企业在利用大数据专业性技术“欺压”普通消费者时具有强烈的技术优越感，大大助长了无良商家的气焰。社会层面面向企业大数据分析利用的社会评估和评价服务的机制缺乏，使得消费者对全社会大数据分析利用中的作恶类型缺乏整体性的认识，降低了消费者对大数据不当牟利的警觉程度；同时，间接纵容大数据开发利用行业的鱼龙混杂，坑害消费者利益。

四、行业自律机制尚未建立

目前社会上关于推进大数据开发利用、创新应用的联盟及协会等组织众多，此类组织的成立宗旨和工作内容都很明确。然而，社会对企业大数据开发利用合规性的关注度非常高，但很少有专门关注大数据开发利用合规、合理性方面的社会组织，即使有也仅是因为政府因素成立的象征性的组织，从企业自律角度来讲，作用十分有限。大数据“杀熟”等很多不当牟利行为的出现和发展，重要原因在于行业自我监督缺失，同行业对此类行为趋之若鹜，而非嗤之以鼻。行业组织通过行业自律公约、发展报告、评估评价等模式推进行业自律机制，具有比政府监管更强的引导和示范作用，更能起到专业性的同行监督作用，但目前这种机制尚未建立。

第三节 对策建议

一、完善大数据发展相关法律法规

一是制定大数据开发利用行业管理规范，明确大数据开发利用的宗旨和原则，出台大数据开发利用负面清单，引导企业在开发利用大数据时要综合考虑企业收益、消费者感受、文化风俗、社会反响等因素，提高大众的大数据应用获得感，促进大数据更好地造福百姓生活。二是完善《中华人民共和国网络安全法》《互联网信息服务管理办法》等相关的网络信息服务类法律法规，及时将利用大数据开发作恶行为明确纳入法律法规治理领域，提高法律法规的震慑效应。三是适应大数据开发利用发展形势，尽快完善《中华人民共和国价格法》，厘清大数据分析应用可能引起的差别定价方式和种类，明确差别定价和价格歧视的具体区别，并将大数据“杀熟”等行为纳入价格歧视范围。

二、加强大数据应用监管治理能力建设

一是建立社会大数据分析应用政府监管治理网络平台，针对网络市场信息服务平台，开展在线化、网络化、全天候的动态市场执法监管，提高对违法、违规、不良等各种隐蔽型利用大数据作恶行为的及时发现和查处能力。二是应用大数据技术对社会大数据开发应用进行深度治理，从政务应用、企业大数据应用平台、消费者评价等多种渠道获取数据，加强数据的深度利用和关联分析，研判可能存在或发生的利用大数据作恶行为。三是畅通利用大数据作恶行为网络举报查处通道，简化举报流程，提高对微小型、海量化、多样式等特点的利用大数据作恶行为的及时发现和查处能力。四是对采用大数据作恶的企业开展部门联合惩戒，限制企业大数据分析利用从业领域以及相关产品的应用范围和分析数据采集范围，并对其产品应用开展严格的安全检测。

三、发展大数据应用监测和评价服务

一是鼓励发展面向大数据分析应用的网络监测工具和服务，如网络比价搜索、网络销售热度、用户评价汇聚等软件和信息服务，支撑大众对企业大数据应用行为的监督和发现，利用消费者的力量开展社会协同化治理。二是开展大数据分析应用社会评估服务，从大数据开发利用的合规性、合理性、用户体验等多方面评估企业大数据分析应用情况，引导企业大数据开发利用向合规、合理、提高用户体验方向发展。三是探索建立企业大数据开发利用信用评价机制，对大数据产品和服务开发、提供和应用等产业链企业开展大数据分析应用信用等级认定，建立黑名单公示制度。四是开展大数据产品和服务安全测评和认证，对重点行业和重点领域的大数据产品和服务进行严格安全测评和安全等级认定。

四、推进大数据分析企业强化行业自律

一是成立大数据开发利用行业自律联盟，发布行业自律公约，倡导大数据分析利用行业自律，遵守用户个人信息授权使用，强化数据应用自我约束，尊重用户的知情权和控制权，保障用户的个人信息安全和产品服务安全可信，接

受社会的广泛监督。二是引导企业制定大数据分析应用用户告知协议，告知数据采集范围、分析手段、实现目标，以及可能对用户产生的潜在影响等，让用户享受服务的时候安心和放心。三是鼓励企业定期发布企业大数据开发利用发展报告，推进分析算法、数据来源、应用进展、取得成效等相关信息公开，接受社会广泛监督。四是制定行业大数据开发利用技术规范，提出大数据开发利用负面清单，规范企业大数据技术开发利用行为。

五、提高全社会对大数据作恶行为的认识

一是建立企业大数据分析作恶行为网络曝光台，加大对大数据作恶企业的网络曝光力度，提高其违法违规社会成本，利用市场机制促进行业优胜劣汰。二是加大宣传力度，采用网络科普文章等宣传形式提升全社会对大数据作恶行为的认识水平，提升公众的防范意识，全面筑起防范大数据作恶的堡垒，打起防范大数据作恶行为的全民攻坚战。三是举办大数据开发利用成果展和科普展，采用简单易懂的模式针对大数据作恶行为开展科普宣传，提高社会各界对大数据开发利用的认知水平。

第四十二章

从数据堂等案件看数据流通交易治理

2018 年，山东警方成功破获一起特大侵犯公民个人信息案，共抓获犯罪嫌疑人 57 名，打掉涉案公司 11 家。其中，涉案的数据堂公司在 8 个月内日均传输公民个人信息一亿三千多万条，累计传输数据压缩后约 4000GB，公民个人信息达数百亿条，数据量巨大。该起事件只是全国打击侵犯公民个人信息案行动中的冰山一角，近年来，非法数据交易现象日益猖獗。数据流通交易是促进数据开发利用、释放数据价值红利的重要手段，但非法数据流通交易带来的社会恐慌和危害更为巨大。在国家大数据战略实施背景下，对数据堂等类型的大规模个人数据贩卖行为必须加强治理。

第一节　事件现状

一、非法数据交易现象日益猖獗

近三年来，随着我国大数据产业的发展，社会对重要数据资源的需求量越来越大，非法数据交易愈加频繁，爆发了大量的重大公民个人信息盗窃案件。从这些案件来看，主要呈现三个特点。一是非法数据交易和使用事件发生频率呈上升趋势，并从之前的小规模、多频次向大规模、多频次转变，从线下交易的上万条记录级别向网上交易的上亿条记录级别转变，如此次涉案的数据堂公司；二是非法交易数据逐渐从低价值向高价值转变，从之前的联系电话、邮箱等通信方式信息逐步向个人网上购物、购房、购车、教育医疗、卫生保健、金融资产等个人重要信息拓展，这些信息一旦落入诈骗分子或情报分子手中，将对整个社会构成巨大危害；三是非法数据交易呈现出产业链作案特征，其分工明确、网络协作、隐蔽性较强，形成了一条从数据窃取、数据贩卖到数据挖掘使用的黑色产业链，作案呈现团伙化趋势。

二、互联网已成为非法数据交易的重要渠道

非法数据交易渠道主要有线上和线下两个渠道，从目前破获的案件来看，线上交易是主流。线上非法数据营销渠道主要有论坛、QQ 群、微信群、微信公众号、微博、博客、电子商务平台、暗网、网盘、邮箱等。其中，论坛、QQ 群和微信群是非法数据交易的重灾区。从查获的案件来看，非法数据交易基本都是通过 QQ、微信、邮箱、暗网等直接传送，或是通过收费网盘支付费用后下载。以身份证信息为例，在百度输入“买卖二代身份证”等关键词搜索到的相关记录超过 500 万条，有些搜索页面被打开后，会立即弹出若干打着“真实身份证出售中心”等旗号的网站，并在醒目位置挂出客服人员的 QQ 号码。利用 QQ 群进行身份证信息交易的宣传报道在网上也大量存在。非法数据交易信息在网上泛滥，不仅为非法数据交易行为拓展了市场空间，也加大了打击防控的难度。

第二节　问题分析

一、缺乏正常的数据交易渠道

目前，掌握数据资源的部门向社会开放的步伐推进缓慢，各政务部门和金融、物流、航空、铁路、旅游、能源等重点行业的数据资源都封闭在部门和单位内部，形成了一个个封闭的信息孤岛，社会企业缺乏正常的获取渠道。同时，电子商务、网络社交、搜索引擎、地理信息、网约车等领域的互联网企业，大多是通过建设数据开放平台，以收费信息服务等模式推进部分数据的开放，但这种开放模式的开发利用深度非常有限。重要数据资源正常获取渠道缺失，致使不少机构千方百计地通过地下渠道获取所需要的数据资源，进而导致地下非法数据交易市场相当猖獗。

二、数据资源缺乏全生命周期管理

目前，各部门、各行业都在大力推进信息化建设，建设信息系统和平台是其中不可或缺的环节，而不少非 IT 部门由于自身没有信息系统开发和运维能力，大多采用外包开发和运维模式，外包开发模式给部门加强数据全生命周期

管理带来了巨大挑战。在运维过程中，许多系统外包服务商都有意无意地备份留存了数据，对这些备份留存数据的事后管理不善，也成为数据泄露的重要原因之一。以物流、房产、住宿、旅游等行业为例，近年来，这些行业发生的数据泄露事件中，由外包服务端引发的占绝大多数。另外，部门数据保护内控机制不健全，对运维人员数据获取缺乏有效约束；拥有大数据的企业缺乏有效的挖掘技术，而将数据委托给外部企业进行挖掘，服务结束后数据未能有效清除，都是当前数据泄露的重要途径。

三、非法数据交易渠道未被及时切断

利用论坛、QQ 群、微信群、微信公众号、电子邮件、网络硬盘、电子商务平台、电子图片、短信等渠道，采用公开或半公开形式进行网络营销的现象泛滥。正是这些渠道未能得到及时、有效、全面的封堵，致使非法数据交易行为不断蔓延。网络渠道营销影响范围广、传播速度快，现已成为非法数据交易、信息扩散的主要渠道。要切断这一渠道，需网信、公安、工信、商务等多部门建立常态化的执法互助机制。

四、重要漏洞未能及时发现和修补

网络防御技术支撑能力不足是引发数据泄露的重要原因。目前，我国各领域内企业的信息化建设采用的数据库系统绝大部分都是国外商业数据库或开源数据库，是否存在漏洞甚至后门，我国企业还无法全面掌握。这些数据库的重大漏洞一旦爆发，企业只能处于事后的被动修复状态，而且不同类型企业的事后修复时间存在较大差异。大型 IT 企业都会及时修复，大部分传统企业则是在漏洞曝光后搁置较长时间才知晓并修复，有些没有技术能力支撑的企业因认知不足甚至长年累月不做漏洞修复，黑客入侵窃取数据的大门始终敞开着。

五、网络化的监管治理模式尚未建立

目前，大部分非法数据交易都是基于互联网展开的，与线下案件不同，基于互联网展开的案件具有高技术、跨地区、跨时空、数量大等特性，要求执法部门具有强大的技术平台保障案件侦查。近年来，这种利用个人信息泄露开展精准电信诈骗的案件时有发生，但由于大部分案件涉案金额较少，跨地区执法成本较大，主管部门多处于无暇应对状态，只能针对一些大案要案进行查处。另外，传统的线下进场执法手段除了成本高之外，存在着技术能力不足和无暇应对的情况，这就对监管部门网络化、平台化和在线化监管手段提出了更高的要求。

六、法律对非法数据交易的震慑作用不够

在《中华人民共和国网络安全法》《电信和互联网用户个人信息保护规定》等相关法律法规、部门规章中，对包括个人信息在内的各种数据保护有较多规定，但相关要求过于宏观，且相关条款的司法解释缺失，导致企业执行过程缺乏具体、详细和标准化的参考依据。另外，法律法规对非法数据交易的震慑作用不够，一些案件难以做到违法必究，即使有些案件被查处，处罚力度也过轻，难以起到有效震慑的作用。

第三节　对策建议

一、鼓励发展大数据交易服务

面向社会重点应用需求，加快推进政务信息资源和公共信息资源的开放与共享，完善网络服务基础设施，提供平台化、网络化和在线化开放和共享服务。推进大数据交易平台建设，同时支持各地大数据交易所和交易中心建设，鼓励政务信息资源、公共信息资源和其他企事业单位信息资源进交易所交易，强化数据脱敏等工作，确保国家信息安全，保障商业秘密和个人隐私安全。鼓励互联网企业大力建设数据开放平台，提供深度数据挖掘服务，为外部企业开展业态创新提供有效支撑。

二、强化数据全链条安全管理

规范信息系统和网络平台开发、建设和运维全过程的数据资源管理，出台相关实施指南、技术标准、合同规范和管理制度等，建立贯穿于开发、建设、运维等全过程的数据内控机制，确保整个过程数据管理的可管、可控。对存储重要信息的系统和网络平台开发、建设和运维等全环节进行报备管理，强化企业终身责任意识，确保数据泄露后的可查可溯。继续开展对重要信息系统和网络平台数据安全保障的日常执法检查，提高执法技术保障支撑能力。

三、加强数据保护关键技术研究

加快推进数据采集、存储、传输、开放、共享、流通、交易、使用等过程的全生命周期标准化安全管理，出台相关技术标准和实施指南，以安全管理标准化降低数据泄露风险。加强数据库相关技术研究，大力发展国产数据库和大数据分析工具，强化数据溯源技术攻关研究。

四、提高监管执法在线化水平

整合网信、公安、工信、商务等部门相关职能和执法力量，建设国家级数据安全保护执法监管平台，提高执法监管的网络化、平台化、在线化水平，强化对网络和大数据技术的运用，建立常态化、在线化的数据安全保护执法机制。充分整合互联网企业、金融机构、电信运营商等部门资源，构建信息共享和执法互助机制，提高网络监管平台技术和资源保障。

五、增强法律法规的可操作性

出台对《中华人民共和国网络安全法》相关条款的司法解释、实施细则、操作指南和技术标准，明确可进入市场流通交易的数据类型及要求，提高法律的引导性和可操作性。制定数据托管存储、开放共享、流通交易、挖掘利用等环节合同范本，明确相关数据安全技术保障、责任机制、使用边界、销毁处理等内容要求，确保数据全生命周期可管可控。加强法律法规宣传，提高用户保护个人数据安全的意识，确保用户数据不被非法交易者通过不正当途径采集和窃取。

展 望 篇

第四十三章

主要研究机构预测性观点综述

第一节　综述型预测

1. Gartner（高德纳）

Gartner（高德纳）是全球权威的 IT 调研与咨询服务公司，在分析发展趋势与技术方面拥有数十年的丰富经验。高德纳高度关注具有巨大潜力的战略技术趋势，预计这些技术的高度波动性在未来五年内达到临界点。在高德纳公布的 2019 年十项战略科技发展趋势中，有多项与互联网产业相关。其代表之一是“自动化的一切”：机器人、无人驾驶飞机和自动驾驶汽车等自主设备，将依靠使用人工智能自动执行以前由人类执行的功能，其自动化程度超越了刚性编程模型提供的自动化，它们利用人工智能实现与周围环境和人们更自然的高级交互行为。其代表之二是“增强分析”：增强分析代表了数据和分析能力的第三次浪潮，数据科学家可以使用自动算法探索更多的假设和可能。增强分析侧重于增强智能的特定领域，使用机器学习来转换分析内容的开发、消费和共享方式。增强分析功能将迅速推进到主流应用，作为数据准备、数据管理、现代分析、业务流程管理、流程挖掘和数据科学平台的关键特性。来自增强分析的自动洞察将嵌入企业的应用程序中，改变企业产生分析洞察力的过程。到 2020 年，普通公民数据科学家的数量将比专家数据科学家的数量增长快 5 倍；超过 40%的数据科学任务将实现自动化。其代表之三是“人工智能驱动的开发”：市场正在迅速从专业数据科学家必须与应用程序开发人员合作创建大多数人工智能增强型解决方案的模式，转变为专业开发人员可以使用作为服务提供的预定义模型单独操作的模式。这为开发人员提供了人工智能算法和模型的生态系统，为将人工智能功能和模型集成到解决方案中定制了开发工具。随着人工智能应用于开发过程，专业应用程序开发的另一个机会“高峰”也将出现。到 2022 年，至少 40%的新应用程序开发项目将在他们的团队中配置人工智能协同开发人员。此外，高德纳将数字孪生、赋权边缘、沉浸式技术（身临其境的体验）、区块链、智能空间、数字道德与隐私、量子计算列入 2019 年十项战略技术，认为这些技术将推动产生颠覆性的新型商业模式。

2. 德勤

德勤是全球最大的会计和金融服务公司之一。它认为，各种各样的技术在 2019 年得到大幅改进，一些创新成果将会应用到生活和工作中，影响所有的人和组织，使社会变得更聪明、更高效，以及更深地与周围的世界互动。德勤围绕智能音箱、5G 网络、人工智能、电视体育博彩、3D 打印、电子竞技、广播、量子计算机和中国科技实力，提出了九项科技预测。其中，一是 5G 网络在 2019 年浮出水面。预计全球将有 25 家移动运营商推出 5G 网络服务，到 2020 年将再有 25 家移动运营商提供 5G 网络服务。2019 年，全球预计会售出 100 多万部 5G 手机和 100 万台 5G 调制解调器。更高的速度和更低的延迟时间将在增强现实、娱乐、医疗和智能城市等领域提供全新的消费者体验。二是人工智能将变得“无处不在”。在 2019 年使用人工智能的公司中，有 70%将通过云服务获得人工智能功能，有 65%将使用云端开发服务创建人工智能应用。人工智能的受益人群将会迅速从人工智能的先驱者扩展到企业中。

3. CB Insight

CB Insight 是全球知名的市场研究机构和创投研究机构，其数据报道和榜单受到广泛关注并被大量引用。通过回顾过去的简报、数据和研究报告，CB Insight 提出了 2019 年影响科技行业的 14 项技术趋势，涵盖数据科学、医疗科技、交通能源、零售、社交网络、教育培训、游戏、智能建筑等领域。与互联网行业相关的，一是面向个人的大数据应用：大数据对人们工作生活的渗透越深，各类科技公司对个人数据的收集越多，对数据的分析应用也越多。2019 年，创业公司们会跨行业合作，为用户提供更加精准的个人定制产品和服务。这些产品、服务主要覆盖的应用领域包括音乐、汽车、食品和化妆品等。二是数据资源保护与数据本地化：数据的重要性越来越高，有人把它比喻成人工智能时代的石油，对数据资源的保护和数据本地化成为 2019 年的趋势。三是零售新渠道：网约车和 VR 商店。零售业的新渠道不仅包括电子商务，还开始渗入人们生活的各个场景中，如沃尔玛未来的 VR 商店设备可能会部署在办公室、商场、公寓楼中，大大增加其触达的用户群体。四是无人配送车：自动驾驶技术影响了零售和物流行业，第一个落地的场景可能是货物的“最后一公里”配送。相比更大、行驶速度更快、对安全要求更高的载人自动驾驶汽车，无人配送车风险更小，技术上也更易实现。

4. IHS Markit

IHS Markit 是著名的商业信息服务提供商，在全球范围内为推动经济发展的各个行业和市场提供关键信息、分析和解决方案。它在《2019 年的顶级趋势：由变革性技术推动》白皮书中提出，人们的互联生活正受到变革技术融合的影响，并探讨了这些技术是如何以新的、强大的方式融合在一起的，从根本上改变了人们与世界的互动方式、人们如何开展业务及人们如何相互沟通。IHS Markit 认为，有三个关键趋势在 2019 年对商业和消费市场产生重大影响。一是视频无处不在。随着越来越多的“玩家”争夺消费者的注意力和收入，以及企业为适应日益增长的视频消费需求，视频的普及正迫使行业发生重大变化。电视、家庭娱乐、社交媒体、视频游戏和其他媒体方式是“视频无处不在”趋势的核心，但安全、教育和医疗保健等行业也越来越依赖视频技术。二是边缘计算已经在改变网络部署和设备构建的方式。它支持新的收入流，因为计算资源更接近最终消费者。服务商、云提供商和物联网公司是边缘计算讨论的核心，因为它影响整个价值链——从半导体提供商到制造商，再到媒体、安全、游戏和其他细分市场。有效的边缘部署的主要障碍是所需的大带宽，而最重要的问题是需要通过分析减少上游流量，以便在边缘处操作和优化数据。三是人工智能。人工智能的发展速度有助于它在消费电子、医疗保健、工业和汽车等行业的应用，到 2025 年，仅在汽车行业，预计将实施超过 1.7 亿套人工智能系统。为了提高效率和解决问题，新的算法和方法的开发由多个应用程序的高度复杂性和大数据的流行所驱动。要使人工智能得到充分发展，还需要有许多成熟、进步和成功的要素和驱动力。此外，IHS Markit 还认为，5G 技术将成为重要的移动通信技术，区块链将在越来越多的行业表现出重要潜力，人机界面将成为技术企业关注的焦点、下一代云游戏已具备取得成功所需的市场和技术条件，物联网将随着许多供应商将其产品扩展到互联网汽车、智能城市、工业自动化等特定的垂直解决方案中并实现快速发展。

5. IDC

IDC对2019年及以后的全球信息技术行业发展给出了十个方面的预测。一是数字化的经济：到2022年，逾60%的全球GDP将都是数字化的，2019—2022年与IT相关的投资将达到7万亿美元。二是数字化原生IT：到2023年，75%的IT支出将用于第三代平台技术，因为逾90%的企业会建立“数字化原生”IT环境，在数字经济中快速增长。三是边缘计算快速增长：到2022年，逾40%的机构的云部署将包含边缘计算，25%的终端设备和系统将执行人工智能算法。四是应用的革命：到2022年，90%的新应用将采用微服务架构，提高设计、调试、更新和利用第三方代码的能力，35%的用于生产环境的应用将原生支持云计算服务。五是新的开发者阶层：到2024年，新出现的不使用定制脚本的专业开发人员将使开发者数量增加30%，加速数字化转型。六是数字化创新爆发：2018—2023年，借助新工具或平台、更多的开发者、灵活的方法和大量代码重用，新开发的应用数量将达到5亿个。七是通过专业化实现的增长：到2022年，25%的公共云计算服务将基于非x86处理器（包括量子计算机），机构在垂直“软件即服务”应用方面的支出超过水平应用。八是人工智能成为新的用户界面：到2024年，采用人工智能技术的用户界面和过程自动化将取代三分之一目前基于显示屏的应用；到2022年，30%的企业将利用对话式语音技术提供客服服务。九是更高的信任度：到2022年，50%的服务器对数据进行加密，逾50%的安全警报采用人工智能的自动化过程处理，1.5亿人将有基于区块链的数字身份。十是机构使用多种云服务：到2022年，四大云服务平台将托管80%的基础设施（即服务）和平台（即服务部署），但到了2024年，9成的全球1000家机构将通过采用多款云服务或者混合云技术和工具减轻对某一云服务平台的依赖。

6. 埃森哲

埃森哲发布的《技术展望2019》以“新数字化时代”为主题，预测了未来三年内将给企业带来颠覆性影响的重要技术趋势，提出企业正跨入数字化时代的新阶段，是否能成功将取决于企业能否运用一系列新技术的能力为客户、员工及业务合作伙伴带来专属现实和个性化的体验。报告指出，企业若想在快速发展变化的市场格局中脱颖而出，需要把握五项新兴技术趋势。一是DARQ的力量：解码黑科技DNA。DARQ即分布式账本（Distributed Ledgers）技术、人工智能（Artificial Intelligence）、泛现实（Extended Reality）和量子计算（Quantum Computing），是引领下一阶段变革、重塑各个行业的新兴技术的关键。二是懂我经济：了解每位消费者，发掘独特商机。由技术驱动的客户互动，使得每位消费者都拥有了不断延展的技术身份。这对于企业了解下一代消费者，并为其创造个性化、体验式的客户关系至关重要。三是超级员工：改变工作方式，激发员工的创造力。在新数字化时代，员工除了自身技能与知识储备之外，还在技术的帮助下培育出全新的能力。公司必须支持全新的工作方式。四是生态安全共同体：共筑安全屏障。互联互通是商业生态系统赖以维系的基础，但这也会增加企业面临的风险。企业领导者已经认识到，在与整个生态系统合作打造一流的产品、服务和体验的同时，还须竭力确保企业安全。五是专属市场：有应必答的极速柔性生产。飞速发展的数字技术正在打造一个高度个性化和即时体验的世界。为了满足消费者渴望的专属市场，企业必须重塑自身架构，将这些需求传递到生产端，实现精准的供需匹配。

7. IEEE 计算机学会

基于技术专家认为的最广泛采用的技术，IEEE 计算机学会（IEEE-CS）发布了 2019 年十项技术趋势，旨在预测企业的未来。一是深度学习加速器（Deep Learning Accelerators），如 GPU、FPGA 和 TPU。许多公司正在开发自己的加速器，并将它们进行边缘部署，将机器学习的力量带到物联网设备上。二是辅助运输（Assisted Transportation），如自动化辅助解决方案越来越多地被应用于个人和市政设备。该技术高度依赖深度学习加速器进行视频识别。三是身联网（The Internet of Bodies），指的是物联网和自我跟踪技术，如健身追踪器和智能眼镜。还有一些设备在“人体内部”移动，如数字药丸和身体附着的植入式设备。四是社交信用算法（Social Credit Algorithms），通过生物识别技术和混合型社交数据流的结合，可以将观察转化为对个人的好坏及是否值得得到公众社会认可的判断。五是先进材料和设备（Advanced Materials and Devices），用于传感器、无线通信的先进材料和设备将开始用于医疗保健、包装和应用，还将对物联网设备和沉浸式计算产生影响。六是主动安全保护（Active Security Protection），随着安全威胁变得更加复杂，主动安全保护将被更广泛地采用。这种新型安全保护将包括钩子（Hooks）和机器学习机制。七是虚拟现实和增强现实，二者已成为游戏行业的主流，预计其将进入教育和工程行业。八是聊天机器人，已被用于基本的客户服务解决方案，提供个人助理的操作系统正在寻找更多方法来扩展其应用。九是自动化的语音垃圾防范（Automated Voice Spam Prevention），可以阻止 IP 地址欺骗者和拦截可疑呼叫。十是人性化技术（Technology for Humanity），通过使用机器学习，机器人和无人机将用于改善农业、干旱、粮食供应和保健服务等社会问题。

第二节　专题型预测

在移动互联网方面，QuestMobile 作为中国专业的移动互联网商业智能服务商，于 2019 年 1 月发布了 2019 中国移动互联网十项趋势。一是 5G 商业化给行业带来冲击：5G 元年智能终端和 IoT 将首先受益，预计 2021 年以后集中放量，产业链上下游创新企业将迎来脱颖而出和弯道超车的机会；5G 将率先应用于视频内容消费、产业互联网、远程诊断、物联网、车联网等方面，变革用户使用场景。二是产业互联网深化下的机会：BAT 等巨头调整组织架构，提升 to B 业务的战略地位和发展速度，突破方向虽有不同，但投资布局都聚焦在产业互联网的技术基础层面；产业互联网相关行业使用时长将继续增长，垂直赛道 TOP3 总使用时长集中度远低于 C 端消费互联网，存在巨大的发展机遇。三是垂直赛道仍有良好的增长机会：垂直赛道在未来依然存在“逆袭”的机会，用户下沉、线下场景、产品创新、技术迭代均能获得新的增长。四是全景生态流量布局成为趋势：生态流量领域价值凸显，超级 App 即将上演新格局下的全面争夺。随着巨头布局小程序，终端厂商发力快应用，流量入口的竞争愈加激烈。微信小程序占先发优势，百度和支付宝发挥各自独特优势进行生态流量入口布局。五是线下流量新玩法：新零售布局进一步落地，线上、线下协同“人货场”的新逻辑开始发挥效果，商业综合体、新物质、社区小店全方位与线上联动。六是对用户的精细化运营越来越重视：用户精细化运营以最大化用户的价值为目标，通过运营手段提高用户活跃度、留存率或付费指标；通过持续赞助综艺刷脸获取新流量的同时，运用产品迭代提升用户留存，实现用户活跃规模健康增长与用户黏性提升。七是生态化付费会员成为争夺焦点：生态化会员权益与联合跨界会员设计将成为各平台提升用户 ARPU（每用户平均收入）的有效途径，会员的使用黏性及复购率更高，但单平台会员已能够满足绝大多数用户的视频内容需求，会员之争将日益激烈。八是兴趣圈层崛起、小领域下的大市场：以兴趣作为划分的圈层人群逐步出现在大众视野。九是多层级市场满足更垂直细分需求：三四线及以下城市中“小镇青年”人群规模达 2.56 亿人，线上消费能力显著高于全体网民，小镇青年对价格敏感，主要通过游戏、音乐的娱乐方式消遣时间，对本地生活、社交、拍摄美化的需求旺盛；基于社区邻里之间信任关系的“社区团购”兴起。十是新媒介带来的价值转移：资讯形式从单一图文模式向多元化内容升级；用户资讯获取从独享到分享，资讯媒体的社交属性增强，已具备社交属性的媒体则向业务多元化、垂直化、社群发展；

资讯聚合类媒体向广告平台业务延展，并从品牌展示向效果深耕；信息流广告市场规模突破千亿元大关，短视频广告增长率超过整体信息流广告增长率，成为信息流广告最重要的组成之一。

在电子商务方面，专业机构发布了《2019 年全球电商市场 10 大趋势增长报告》。一是全球电商市场将稳步增长：2021 年全球电商销售额将达到 4.9 万亿美元，占全球零售总额的 17.5%。二是全渠道购物日益普遍：随着实体店和数字环境之间的界限愈加模糊，多渠道购物方式将会变得更加普遍。三是社交购物正在兴起：越来越多的人选择在社交媒体平台上购物，这减少了购物者在网络上购物的时间和精力，使他们的购物之旅更加高效。四是全球电商市场的重心正从西半球转移出来：预计到 2020 年，美国市场在全球电商市场的份额将减少 16.9%，出现下降的主要原因之一是全球化的兴起和非西方地区在技术和基础设施方面的改善。全球电商市场重心的转移意味着企业需要采取一种更加国际化的方式，以确保其业务在全球范围内的可及性和便利性。五是跨境网购日趋流行：越来越多的消费者会在境外网站上寻找商品，为此，企业需要投资于基础设施和技术，适应海外买家的购物习惯。六是 B2B 电商市场将强势增长：B2B 电商企业必须适应更加无缝的交易，为 B2B 市场建立高级报价管理、价格谈判、轻松下单、订单和库存管理等功能。七是电商个性化将成为一个标准：随着顾客对个性化的期望越来越高，个性化将成为电商业务的一个标准，成为一种更为复杂的营销策略。八是移动购物革命：移动电商正在不断塑造消费者参与的格局，到 2020 年移动端收入预计将达到 1754 亿美元。九是语音电商正在到来：买家通过语音设备与企业进行交易，为电商企业销售和发展业务开辟了一条新渠道。预计到 2020 年，语音电商仅在美国市场的销售额就将达到 400 亿美元。十是新的支付方式涌现：支付选项是消费者推动交易的一个主要驱动因素。目前，多种数字支付方式被电商企业广泛采用，未来还有可能出现新的支付方式。

在云计算方面，Forrester 预计，云计算将迎来“成人时代”，为企业应用程序带来创新的开发服务，而不仅是提供更便宜的临时服务器和存储。为此，企业需要关注四方面的趋势。一是企业云计算支出将大幅增加：随着核心业务应用程序数字化的启动，企业云计算支出将大幅增加。其中一些将被新的 SaaS 应用程序所取代，其他的将使用新的云本地技术进行重构。二是容器、Kubernetes（K8s）和无服务器重塑核心应用：容器技术在 2019 年继续向前推进，并重塑每一个云平台。三是更多组织将制定自身 PaaS 战略：每个组织将自行决定是利用特定云提供商的 PaaS，还是专注于云中立性。一些公司将继续从云计算中寻求机会，同时耐心等待相关增值服务成熟起来，让云计算变得更容易在任何地方进行操作。四是基于软件即服务（SaaS）的系统将越来越受欢迎：对于今后企业云计算之间的比拼，不再是基础设施层面的“上云”，而是基于人工智能能力的云如何深入渗透企业的业务层，推动行业和产业的转型改造。

在人工智能方面，多家机构此前针对 2019 年的发展进行了分析预测。IDC 认为，洞察即服务、流程重构、合规与治理、本地化数据处理、用户接口（UI）重构、事件驱动架构、多模态数据库、人工智能训练数据、情感人工智能和 IT 操作自动化是 2019 年全球分析与人工智能的重要趋势。CB Insights 经过调研认为，开源框架、胶囊网络、生成式对抗网络、联合学习、强化学习、人工智能终端化、人脸识别、语言处理、车辆自动化驾驶、人工智能聊天机器人、医学成像与诊断、下一代假肢、临床试验患者招募、先进医疗生物识别技术、药物发现、预测性维护、后台自动化、综合训练数据、网络优化、网络威胁狩猎、电子商务搜索、汽车索赔处理、防伪、零售和农作物监测将是人工智能行业的 25 项趋势和发展重点。

在网络安全方面，国外安全媒体 CSO Online 对 2019 年网络安全发展趋势给出了九个方面的预测。一是勒索软件活跃度下降，破坏性不减。二是隐私监管和公众情绪将推动数据保护政策的落地。三是全球范围内政府机构对于个人的监控将进一步增强。四是高级威胁防护（ATP）能力将覆盖微软所有主流产品。五是美国人民将看到中期选举选民欺诈的后果。六是多因素身份验证将成为所有在线交易的标准。七是鱼叉式网络钓鱼攻击将变得更有针对性。八是各国将加速制定网络战规则。九是对首席安全官（CSO）/首席信息安全官（CISO）的要求越来越高。

第四十四章

2019 年及今后中国互联网整体运行发展展望

2018 年，我国互联网领域继续保持快速发展的良好势头，互联网与实体经济融合发展迈入新阶段，5G、人工智能等技术创新和应用示范效应进一步释放，网络空间治理日益精细化。展望 2019 年及今后，乘着改革开放 40 周年的东风，我国互联网步入更加开放的发展阶段，互联网与实体经济融合进入质量提升期，互联网领域的新技术、新产业将加速生态圈构建，网络空间定向将推动互联网精准治理规范化。

第一节　互联网和实体经济融合进入提质发展期

2018 年，国家发展改革委、工业和信息化部等部门相继发布数字经济、企业上云、信息消费、工业互联网等相关政策，互联网与实体经济融合发展的趋势更加明显。云计算、工业互联网成为驱动企业数字化转型的重要动力，创新应用不断深化，企业上云率达到 30%以上，形成了一批行业领先的工业互联网平台。互联网加速向农业、服务业渗透，阿里巴巴、腾讯等互联网公司持续通过互联网、大数据、云计算、人工智能等技术赋能实体经济，如阿里云利用大数据、云计算技术助力中策橡胶、中芯国际制造等传统企业等挖掘数据价值、改善生产流程。

习近平总书记在十九届中共中央政治局第三次集体学习时强调，要推动互联网、大数据、人工智能和实体经济深度融合，在第九次集体学习时强调，要促进人工智能同经济社会发展深度融合。展望 2019 年及今后，随着企业上云、工业互联网、新一代人工智能发展等政策的强力推进，互联网企业持续向实体经济渗透，互联网、大数据、云计算、人工智能等为代表的新一代信息技术与实体经济“两张皮”的现象将进一步消解，新技术、新产品创新步伐将进一步加快，互联网与实体经济融合将步入高质量发展期。

第二节 5G 商用试验将加速 5G 产业生态构建

2018 年，中国 5G 技术研发与网络建设双双实现快速发展。第三阶段非独立组网测试全部完成，独立组网测试进程于 2018 年年底完成。5G 目标频段明确，中国移动获批 2.6GHz 频段（160M）和 4.8GHz 频段（100M），中国电信和中国联通获批 3.5GHz 频段（100M）。商用试验网络建设大规模推进，三家运营商 5G 商用试点提速，试点城市达到 45 个。华为已与全球 42 家运营商合作开启多张 5G 预商用网络。5G 应用开始落地，高清视频、VR/AR、车联网、智慧城市等成为重点切入的领域。中国联通联合腾讯、华为发布首个基于 5G 边缘的 VR 全景直播、Cloud 游戏；中国移动在第五届世界互联网大会上联合华为发布了基于 5G 网络的 8K VR 直播业务。5G 商用设备实现突破，华为发布了首款 3GPP 标准的 5G 商用芯片和 5G 商用终端。中兴手机在上海完成了 5G 呼叫、5G 上网、5G 微信收发试验，为 5G 手机量产奠定了基础。

国务院办公厅、国家发展改革委、工业和信息化部接连出台 5G 相关政策，溢出效应将持续释放。2019 年，随着国家 5G 频率规划方案的制定，以及试商用的全面铺开，产业生态构建成为行业发展的重点。运营商、芯片厂商、设备厂商、终端商、互联网公司等步入全面跨界合作阶段，医疗、人工智能、高清视频、交通、教育、工业制造、车联网等领域应用示范将深入推进，5G 将进入产业链协同商用和生态竞争全面加速的阶段。

第三节 产业互联网竞争进一步加剧

2018 年，以 BAT 为代表的互联网企业相继将产业互联网作为未来发展的方向，加大向制造、金融、医疗、汽车、物流、通信、交通等行业渗透，并展开竞争。如在新零售领域，互联网巨头各自占领阵地，腾讯先后投资了家乐福、万达、海澜之家等多家线下零售商。阿里巴巴则先后与星巴克、冯氏零售、太古地产等达成战略合作，盒小马、亲橙里购物中心、淘宝心选、新零售茶馆等线下实体店相继开业。京东的线下生鲜超市 7FRESH、曲美、京东之家黑金店等线下实体店先后开业。网易的云音乐·亚朵轻居、美团的小象生鲜等也先后加入竞争当中。

消费互联网时代正在加速向产业互联网时代迈进。2019 年，随着腾讯组织架构调整后成立的云与智慧产业事业群步入正轨，京东金融升级为京东数科后在城市建设、数字营销、农业等领域的业务持续拓展，阿里巴巴等互联网企业在传统产业领域持续发力，表明互联网企业加速向传统产业渗透，中国产业互联网发展进入新时期，竞争将更加激烈。

第四节　互联网企业加速人工智能布局

互联网企业开始全方位布局人工智能领域，抢滩人工智能时代制高点。2018 年，阿里巴巴、腾讯、百度、京东、今日头条、滴滴等互联网企业从芯片、技术、平台到应用，开始全面布局人工智能领域。在芯片方面，阿里巴巴先后全资收购了中天微和先声互联，成立了“平头哥”半导体公司，旗下达摩院也开始研发神经网络芯片 Ali-NPU；百度推出了云端全功能人工智能芯片“昆仑”。在技术方面，自动驾驶、语音识别、自然语言处理、智能搜索、智能推荐、深度学习是布局重点，腾讯、百度、今日头条、京东等纷纷成立人工智能实验室，开展人工智能通用技术研发。如腾讯成立了机器人实验室，全面布局计算机视觉、智能语音、机器人控制、NLP 自然语言处理等人工智能技术。

当前，我国人工智能发展势头良好，人工智能产业链条正在加速形成，互联网企业成为人工智能创新发展的主要力量。2019 年，随着《新一代人工智能产业创新重点任务揭榜工作方案》的逐步落实，人工智能产业将加速落地突破，智能网联汽车、医疗影像辅助诊断系统、智能语音交互系统、智能翻译系统等“智产品”，神经网络芯片、开源开放平台等关键环节技术研发及智能制造等行业应用迎来爆发期，互联网企业将紧抓政策机遇，进一步加速在芯片、技术、应用等领域的人工智能全方位布局。

第五节　互联网创业投资进入平静期

2018 年，互联网创业投资趋势不减，但投资热度有所收敛，不再盲目“追风”，资金流向更加理性和集中。如共享经济领域投资向头部企业集中，资本投向主要集中在摩拜、哈啰单车等企业，共享汽车、共享雨伞等投资急剧下降，部分创业企业甚至没有获得任何新投资。在人工智能领域，尽管投资数量有所下滑，但投资金额整体仍呈上扬趋势，行业应用和技术研发成为投资重点。在线教育行业投资更加集中，“早教”成了资本最青睐的细分领域。新零售领域投资一路下滑，消费电子和物流成为资金集中的领域。区块链在 2018 年年初受到资本追捧，掀起投资高潮之后，受到行业监管的约束，投融资也渐趋理性。根据“IT 桔子”发布的报告显示，2018 年第一季度区块链企业融资额达 66.89 亿元，第二季度达到 74.73 亿元，第三季度则降到了 58.12 亿元，增长率降低了 22%。回归理性是互联网领域创业投资的必然结果，特别是随着一批互联网企业和投资项目陷入困境甚至破产，促使投资机构对互联网行业创业投资更加谨慎，不再盲目追逐“风口”。

2019 年，随着国家持续对互联网与实体经济融合的政策进行引导，以及互联网创业企业和项目的价值重塑，资本将更加关注合理的商业模式、具有造血功能和致力于技术创新的项目。

第六节　网络自媒体整治力度进一步加大

网络自媒体依法监管成为常态。2018 年上半年，针对部分网络自媒体出现的低俗色情、标题党、黑公关、伪原创等一系列乱象问题，国家有关部门重拳出击，开展了集中整治专项行动，依法处置了“唐纳德说”“傅首尔”“紫竹张先生”“有束光”“万能福利吧”“野史秘闻”“深夜视频”等9800多个自媒体账号。同时，依法对微信、新浪微博等自媒体平台展开执法约谈，严格督促落实整改，强化平台责任。今日头条、百度、搜狐、凤凰、UC、微信、新浪微博等自媒体平台开展自查自纠，各自关闭了一大批违规自媒体账号。

依法治理自媒体是净化网络空间、促进互联网健康有序发展的必然之举。同时，我国自媒体管理也早已纳入法治化、规范化、制度化轨道，构筑了包括《中华人民共和国网络安全法》《互联网新闻信息服务管理规定》《互联网用户公众账号信息服务管理规定》等在内的法律框架。2019 年以后，随着国家网信办等部门对自媒体采取分级分类管理、属地管理和全流程管理及持续开展自媒体专项整治活动，依法严格管理自媒体将成为工作常态。

后　记

《2018—2019 年中国互联网产业发展蓝皮书》由中国电子信息产业发展研究院编著完成。作为一年一度的系列成果，本书展现了赛迪智库对互联网产业的跟踪研究进展，为相关行业主管部门和业界人士提供2018—2019年互联网产业发展的整体现状、最新动态、趋势研判，为了解和推动互联网产业发展提供帮助。

本书主编为卢山、副主编为陆峰，参与本书编写的人员有安晖、温晓君、陆峰、庄金鑫、马英才、王哲、王丽丽、李雅琪、王翠林等。本书的编写得到了各省市地区经信委、相关互联网企业、中国电子信息产业发展研究院软科学处的大力支持及协助，经国家信息化专家咨询委员会委员王安耕、原国家信息化专家咨询委员会委员陈玉龙两位专家审稿，在此一并表示诚挚的感谢。

本书的内容和观点虽然经过广泛且深入的讨论，在编写过程中也经过多次修改和提炼，但由于涉及领域宽、研究难度大，有些成果还有待时间考验，加之编者的理论水平、眼界和视野所限，难免存在缺点和不足，敬请广大读者批评指正。